Inhalt

Vorwort

Liebe Leser/innen,
geschätzte Pädagog(inn)en,

zauberhaft, diese Herbstzeit, nicht wahr?
Goldene Blätter, funkelnde Wasseroberflächen, rauschende Bäume, gewundene Pfade und Asphaltwege, die sich am Horizont verlieren. All das bietet Raum zum Verweilen, Betrachten, Spielen, Ausprobieren und Philosophieren, lässt Zeit zum tiefen Ein- und Ausatmen, für Hinwendung zum Anderen und ein bewusstes Miteinander – auch mit Fremdartigem. Die Herbstzeit schenkt uns den Drachen am Himmel, das Rauschen in den Bäumen, das Flüstern des Windes ... sie schenkt Hingabe!
Viel Positives gilt es zu Beginn eines neuen Arbeitsjahres für Pädagog(inn)en zu entdecken und aufzubereiten. Sie halten soeben den ersten Baustein eines modernen, zeitgemäßen Ganzjahresprogrammes für Pädagog(inn)en und interessierte Eltern in Händen. Es soll eine Ideen-Fundgrube für die Herbstzeit sein!
Das Werkbuch umfasst den Jahresabschnitt vom Beginn der Kindergarten- und Grundschulzeit bis hin zur Adventszeit und bildet den Beginn einer kreativ-beschwingten Reise durch das ganze Jahr. »Zauberhafte Herbstzeit« beinhaltet eine Vielzahl an pfiffigen Ideen für die Praxis, sowie humorvolle Geschichten rund um die Geschwister Sarah und Lukas, welche in Form von Fortsetzungsgeschichten einen besonderen Bezug zu ausgewählten Themen setzen. Sarah und Lukas dienen den jungen Zuhörer(inne)n/ Leser(inne)n als Identifikationsfiguren, in deren Welt die Spielsachen und viele andere fantastische Figuren den Tagesablauf mitgestalten und sinnsuchend wie auch selbstständig agieren. Gefühle und Stimmungsbilder werden durch das Zauberhafte, Kleine, oft auch Unsichtbare in reizvoller Art und Weise herausgearbeitet und bewusst gemacht. Eine Auseinandersetzung mit sich selbst und der Umwelt wird angeregt und aus verschiedenen Standpunkten heraus beleuchtet. Glück, Freude, aber auch Angst

und Unsicherheit sind Teile unseres Lebens und bedürfen der Aufklärung. Gemeinsames Wirken und soziale Geborgenheit durch Hinwendung innerhalb der Familie bzw. Kindergarten- oder Schulgruppe stellen somit fundierte Grundwerte dar und sollen eine positive Weiterentwicklung im Kreis »Mensch – Natur – Umwelt« ermöglichen. Darüber hinaus werden Anregungen für die religiöse Erziehung vermittelt und ein wichtiger Beitrag zur Leseförderung geleistet.
Als weiterer Baustein schließt das Buch »Wunderbare Weihnachtszeit« an, das konzeptionell gleich gehalten ist und mit 24 Geschichten rund um Sarah und Lukas die Adventszeit Tag für Tag stimmungsvoll gestalten lässt.

Jeder Tag
vermag sich selber
in neuem Lichte
strahlend zu
entdecken!

Mit diesem kleinen Spruch wünschen wir Ihnen einen kraftvollen, gelungenen Start ins neue Kindergarten- /Schuljahr, sowie Ausdauer und Freude im Berufs- bzw. Familienalltag!

Ihr Autorenteam
Renate und Franz Steiner

Hurra – der Kindergarten/die Schule beginnt

Lukas bleibt zu Hause

Geschichte
Franz Steiner

Lukas beneidet Sarah heute um eine wunderbare neue Welt. Mit vielen Spielen darin und allerlei Abwechslung den ganzen Vormittag über. Für seine Schwester beginnt heute der erste Tag im Kindergarten. Was für ein besonderes Vergnügen! Dort gibt es sehr viel Interessantes zu tun.
Und er? Was darf er Besonderes tun? Womit kann er sich vergnügen? Mit gar nichts, außer zu Hause in seinem Zimmer zu hocken und die Zeit zu vertrödeln. Ihm ist nämlich sehr langweilig und außerdem fehlt ihm seine große Schwester doch mehr als er geglaubt hätte. Und deshalb ist er in einer verdrießlichen Stimmung und gar nicht gut zu sprechen.
Auch auf seine Mutter nicht! Die hat am Morgen nämlich überhaupt kein bisschen Verständnis dafür gehabt, dass er gerne mitgehen wollte, und nur gemeint, dass er noch zu klein sei für den Kindergarten. Alles Weinen und Zetern hatte heute überhaupt nichts genutzt. Sarah hatte sich mit einem kurzen »Tschau« verabschiedet, dann war sie entschwunden.
Und nun sitzt Lukas im Kinderzimmer und weiß nicht, wie er mit der Langeweile umgehen soll. Anfangs hat Mutti eine Zeit lang versucht, ihn zu trösten. Umsonst. Sarah erzählt schließlich seit Wochen, wie schön es im Kindergarten sein wird und welch tolle Freunde man dort kennen lernen kann. An diesem Bild klammert sich Lukas richtig fest. Schließlich hat Mutti ihre Beschwichtigungsversuche aufgegeben und ihn mit einem leisen Seufzer sich selbst überlassen. »Ich bin im Nebenzimmer, wenn du mich brauchst«, hat sie gesagt. »Ich muss eine wichtige Arbeit auf meinem Computer erledigen!« Dann war es endgültig still und einsam um ihn herum geworden.
So sitzt er jetzt alleine und trotzig auf seinem Bett. Am liebsten würde er gleich wieder losweinen. So ist es eben, wenn man unglücklich ist. Dabei fühlt man sich ärgerlich und traurig zugleich. Lukas weiß nicht, woher dieses

Geschichte

bedrückende Gefühl kommt. Es ist, als hätte er niemanden mehr auf der ganzen Welt. Einsam fühlt er sich, sehr einsam. Als sein Blick auf das leere Bett seiner Schwester fällt, bemerkt er zum ersten Mal ganz deutlich, dass er Sarah wirklich sehr, sehr lieb hat und dass er sich nichts sehnlicher wünscht, als dass sie vom Kindergarten zurückkommt. Dann starrt er mit geröteten Augen auf die Spielzeugtruhe.

»Uuuuuh-huhuhu, ist dir langweilig?«, ertönt plötzlich eine helle Stimme. Fröhlich schiebt sich die Kaspernase über den Rand der Truhe. Jetzt erst bemerkt Lukas, dass er doch nicht so alleine ist, wie er angenommen hat. »Kasper, lieber Kasper«, entfährt es ihm voller Freude, »möchtest du mit mir spielen?« Er kniet sich vor die Truhe. Da erscheint auch noch die bunte kleine Stoffhexe. »Dem lustigen Larifari wird schon etwas einfallen«, krächzt sie und reitet auf ihrem Besen gleich wieder in die Truhe zurück.

Das bringt Spaß ins Zimmer und vertreibt die Langeweile. Aber Lukas genügt das noch lange nicht. Er drückt die Nase vom Kasper zusammen, sodass der Kasper quietscht wie das Schweinchen Dick. So weh tut das! Aber Lukas tut ja das Alleinsein auch weh. Warum soll da der Kasper nicht ein bisschen mitleiden?

»Weißt du, dass ich heute ganz alleine bin?« Lukas sucht in den Augen des Kaspers nach etwas Mitgefühl.

Der Kasper jedoch stöhnt: »Drückt mir einfach die Nase zu! Als ob ich etwas dafür könnte, dass er heute alleine herumsitzt. Autsch!«, ruft er verzweifelt, denn Lukas verdreht ihm die Nase jetzt sogar noch im Uhrzeigersinn.

»Man soll anderen nicht weh tun!«, kreischt der Hampelmann von der Wand herunter. »Was wäre, wenn ich dir die Nase so herumdrehte? Das würde dir ganz schön weh tun!«

Lukas wird stutzig und betrachtet den Kasper näher. Der Kasper sieht wirklich etwas mitgenommen aus. Gar nicht mehr so lustig wie vorhin.

Behutsam setzt Lukas den Kasper auf den Rand der Truhe und zwickt sich mit zwei Fingern selber kräftig in die Nase. »Autsch«, entfährt es ihm. »Das tut ja wirklich weh!« Nun weiß er, warum der Kasper vorhin so gejammert hat.

Er biegt dessen Nase zurecht, streichelt ihn ein bisschen und beginnt fröhlich auf ihn einzureden. Gleich ist der Kasper wieder lustig und fidel. »Schön, wenn man Vertrauen zueinander hat«, flüstern die Puppen in Sarahs Kasten. Danach geht Lukas zum Hampelmann. Man kann förmlich ahnen, was er vorhat. Langsam greift er nach der Schnur des Hampelmanns. Zack, reißt der Hampelmann auch schon die Füße in die Höhe, und patsch, schlagen seine Hände an den Kopf.

Geschichte

Patsch, patsch, patsch, reißt Lukas unermüdlich an der Schnur. »Das ist lustig, eins-zwei-drei«, singt er fröhlich, und jedes Mal reißt der Hampelmann Hände und Füße in die Höhe. »Zack, zack, zack«, ruft Lukas laut.
Plötzlich berührt ihn etwas an der Schulter. »Ha!«, reißt ihn eine laute Stimme herum. Lukas klappt vor Schreck beinahe zusammen - wie der Hampelmann, dessen Schnüre unwillkürlich aus seinen Händen gerutscht sind. Hinter ihm steht Sarah und fragt unschuldig: »Hab ich dich erschreckt?«
Spöttisch betrachtet sie den lose baumelnden Hampelmann. »Seit wann führst du so angeregte Gespräche mit ihm?« Lukas ist noch ganz steif vor Schreck.
Aber dann staunt sie, weil Lukas sich ihr um den Hals wirft und sich fest an sie drückt. Und sie fühlt genau, dass sie ihrem Bruder heute Vormittag ziemlich gefehlt hat.

Gedanken zum neuen Schuljahr

Gebet
Renate Steiner

Bald ist es wieder so weit
und das Schultor öffnet sich!
Was uns alles erwarten wird?
Eigentlich freue ich mich schon sehr,
alle Kinder wieder zu treffen
und unsere Lehrerinnen und Lehrer
kennen zu lernen.

Jesus, auch dein Tor zu dir
ist immer für uns alle offen.
Du hast jeden von uns lieb!
Amen.

Gott hat mich lieb

Lied
Text und Musik:
Renate Steiner

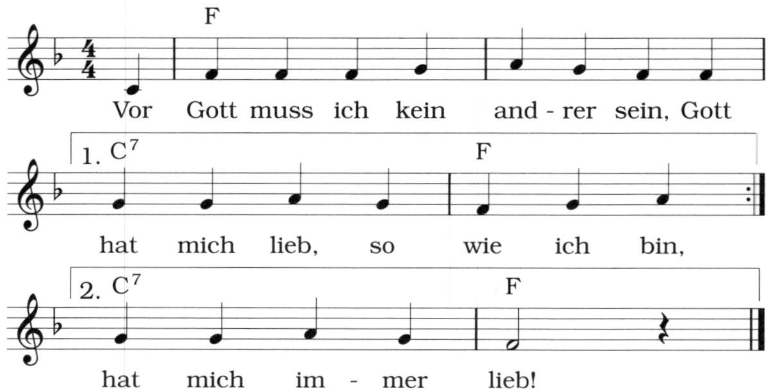

Weiterführende Idee: Für den gemeinsamen Gottesdienst zum Schulanfang gestalten die Kinder ein großes Wandbild auf einem Stofftuch oder einem Karton, um damit auch in der Kirche ein sichtbares Zeichen der Gemeinschaft zu setzen. Alle Kinder zeichnen sich selbst oder nur ihr Gesicht auf ein Kärtchen und versehen dieses mit ihrem eigenen Namen. Auf das Wandbild wird ein leuchtend buntes Kreuz gemalt und der Text: »Gott hat mich lieb, so wie ich bin!« hinzugefügt. Alle gezeichneten Bilder werden darauf befestigt.

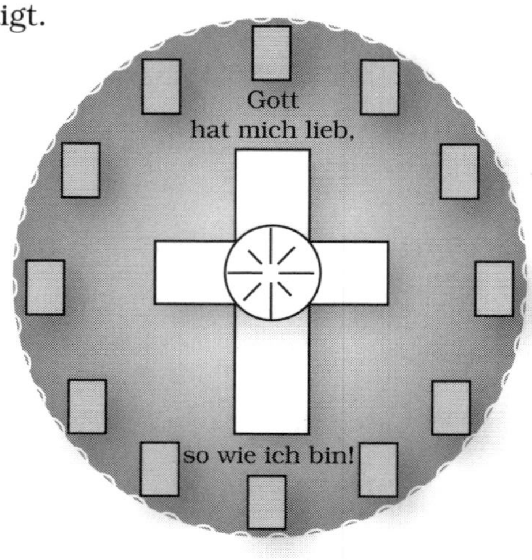

Herr, segne meinen Weg

Lied
Text und Musik:
Renate Steiner

2. Ich gehe aus dem Haus. Herr, segne meinen Weg!
   Beschütze mich! Das bitte ich dich!

3. Ich gehe aus dem Haus. Herr, segne meinen Weg!
   Herr, segne mich! Das bitte ich dich!

Begrüßung der Kinder mit Handpuppe

Spruch
Renate Steiner

Hallo,
ich bin der kleine Bär
und heiße Puh.
Und wie heißt du?

Spielimpuls: Bei einer ersten Vorstellungsrunde geht der /die Spielleiter/in auf jedes einzelne Kind zu und begrüßt es mit einer Handpuppe oder einem kleinen Teddybär. Dabei fragt er/sie das Kind nach seinem Namen. So hat jedes Kind die Möglichkeit, sich in der Gruppe vorzustellen.

Weiterführende Idee: Der/Die Spielleiter/in überrascht die Kinder mit einem kleinen Begrüßungsgeschenk, einem vorbereiteten Namenskärtchen für jedes Kind der Gruppe. Das kann z.B. ein Teddy aus Karton, ein Kasper oder eine Blume sein. Auf dem Kärtchen steht gut sichtbar der Name des Kindes. Das Motiv kann mit Buntstiften angemalt werden. Zum Umhängen ein Band daran befestigen. Die Namenskärtchen sind auch eine kleine Hilfe, um in kurzer Zeit alle neuen Kinder bei ihrem Namen rufen zu können.

Kleiner Tütenkasper

Bastelidee
Material:
weißer Zeichenkarton, Schere, Klebstoff, Filzstifte

Aus einem Halbkreis (Durchmesser des Kreises ca. 20 cm) eine Tüte drehen und festkleben. Lustiges Kaspergesicht mit Mütze aufzeichnen und ein buntes Kasperkleid gestalten. Zwei kleine Kreise ausschneiden. Den kleinen Kasper über eine Hand stülpen und durch die beiden Öffnungen zwei Finger schieben. Der Kasper kann nun seine Arme bewegen, allen Kindern zuwinken, sie kitzeln und ihnen zur Begrüßung die Hand schütteln.

Ein neuer Tag hat angefangen

Kreisspiel
Text und Musik: Renate Steiner

2. Ein neuer Tag hat angefangen,
guten Morgen wünsch ich dir!
Alle sind wir nun beisammen,
viele Mädchen (Jungen, Eltern, ...) sind nun hier.

Tanzform: Alle stehen im Kreis. Ein Kind wird vom Spielleiter mit Handschlag begrüßt und den anderen mit seinem Namen vorgestellt. Nun darf dieses Kind ein anderes begrüßen gehen, usw.
Bei der zweiten Strophe machen alle Mädchen zur Begrüßung einen Knicks, die Jungen verbeugen sich, die Eltern winken den Kindern mit der Hand zu.

Namenskennenlernspiele

Namen kochen

Gruppenspiel

Alle Mitspieler bilden einen Stuhlkreis. In der Mitte steht ein Kochtopf mit einem Kochlöffel. Der/Die Spielleiter/in sagt seinen/ihren Vornamen und klopft mit dem Kochlöffel die Silben am Kochtopf dazu, z.B. »Clau-di-a« = 3 x klopfen. Danach übergibt er/sie den Kochlöffel einem Kind, das nun ebenfalls seinen Namen nennt und die Silben klopft. Das Spiel wird fortgesetzt, bis alle an der Reihe waren.

Der springende Name

Gruppenspiel

Im Kreis stehend, stellt jedes Kind reihum seinen Namen vor und klatscht die Silben dazu. Die gesamte Gruppe wiederholt gemeinsam diesen Namen. Alle springen dazu mit geschlossenen Beinen am Platz die entsprechenden Silben.

Das geheime Versteck

Gruppenspiel

Jeder Mitspieler erhält ein kleines Klebeetikett, auf das der Vorname oder ein Bild gezeichnet wird. Das Klebeetikett wird versteckt am Körper angebracht. Danach gehen die Mitspieler paarweise zusammen und versuchen die Namensschilder gegenseitig zu entdecken. Nach dem Auffinden Etiketten gut sichtbar tragen, sodass alle Namen lesbar sind.

Zipp-Zapp

Gruppenspiel

Alle Spieler sitzen im Kreis und erfragen vom linken und rechten Nachbarn den Vornamen. Ein Mitspieler geht in die Mitte, sein Stuhl wird aus dem Kreis entfernt. Er zeigt nun auf einen Teilnehmer und sagt »Zipp« oder »Zapp«. Bei »Zipp« nennt der Angesprochene den Namen seines linken Sitznachbarn, bei »Zapp« den des rechten. Falls er nicht den richtigen Namen nennen kann, muss er in die Mitte kommen. Klatscht der in der Mitte Stehende in die

Hände, müssen alle ihre Plätze tauschen und der Mitspieler in der Mitte versucht einen Sitzplatz zu erhaschen. Wer keinen Stuhl findet, kommt als Nächster in die Mitte.

Wer steht hinter dir?

Gruppenspiel
Renate Steiner

Ein Kind steht mit geschlossenen oder verbundenen Augen im Raum. Die übrigen Kinder gehen im Gänsemarsch um das Kind herum und sprechen dabei gemeinsam den folgenden Spruch:

»Eins, zwei, drei, vier, so marschieren wir.
Tripp-trapp, tripp-trapp, wir gehen im Zick-zack.
Stopp – wer steht nun hinter dir? Bitte sag es mir!«

Bei »Stopp« bleiben alle stehen. Das Kind, das sich gerade hinter dem nicht sehenden Kind befindet, stellt die Frage: »Wer steht hinter dir? Bitte sag es mir!« Wird der richtige Namen genannt, löst es das andere Kind ab. War der genannte Namen nicht richtig, wird das Spiel wiederholt und ein weiterer Versuch gestartet.

Namensschilder für Schulkinder

Bemalte Flusssteine

Bastelidee
Material:
größere Steine, Filzstifte, evtl. Klarsichtlack

Jedes Kind schreibt auf einen Stein gut leserlich seinen Namen und verziert diesen beliebig. Mit dem Stein kennzeichnen alle Kinder ihren Sitzplatz in der Klasse. Die Steine eventuell zum Schutz lackieren.

Baumscheiben

Bastelidee
Material:
dünne Baumscheiben (Ø ca. 8 cm, ca. 1 cm dick), Filzstifte

Jedes Kind erhält eine Baumscheibe, die es mit dem eigenen Namen versehen und nach Fantasie ausschmücken kann. Mit diesen Holzscheiben kennzeichnen alle Kinder ihre Sitzplätze.

Weiterführende Idee: Bohrt man in etwas kleinere Baumscheiben zuvor jeweils ein Loch und schiebt einen Bindfaden hindurch, können die Kinder diese auch als Kette um den Hals tragen.

Lustige Einstiegs- und Kontaktspiele

Dich mag ich

Bewegungsanimation

Jeder Teilnehmer sucht sich unauffällig einen anderen Mitspieler aus. Auf ein vereinbartes Zeichen (Gong) laufen alle los und versuchen, die ausgewählte Person 3-mal zu umkreisen. Da sich aber alle weiter fortbewegen, ist das gar nicht so einfach. Gelingt es trotzdem, ruft der Mitspieler, der es geschafft hat, »Stopp!«
Das Spiel kann danach erneut beginnen.

Aktionsspiel

Bewegungsanimation

Alle Mitspieler bewegen sich zu einer beliebigen Musik im Raum. Bei Musikstopp gibt der/die Spielleiter/in eine Anweisung, die nun von den Teilnehmern erfüllt werden soll. Spielt dann wieder Musik, gehen alle flott weiter.

Ideen für Anweisungen:

- einem anderen auf die Schulter klopfen,
- verschiedene Wände berühren,
- sich in Zwerge, Tiere, Roboter usw. verwandeln,
- Rücken an Rücken stehen,
- zu zweit auf einem Sessel knien,
- mit der Hand eines Partners den eigenen Namen in die Luft schreiben,
- mit dem Fuß zeichnen, wo man gerne sein möchte.

Merkmalstanz

Bewegungsanimation

Alle Teilnehmer stehen. Bevor die Musik beginnt, nennt der/die Spielleiter/in ein Merkmal, z.B.: »Alle mit gleicher Haarfarbe finden sich zusammen!« Die Teilnehmer bilden nun möglichst rasch einzelne Kreise (z.B. blonde, braune, rötliche, schwarze Haare), reichen einander die Hände und beginnen gemeinsam in Kreisform zu tanzen. Stoppt die Musik, bleiben alle stehen, bis eine neue Anweisung folgt.

Ideen für gemeinsame Merkmale:
• Größe • Alter • Hobby • Lieblingsspeise • Kleidungsstücke • Schmuckstücke • Geschlecht.

Erste Finger- und Berührungsspiele

Meine Finger

Fingerspiel
Renate Steiner

Spielimpuls:
Mit den Fingern dazu passende Bewegungen ausführen.

Der Daumen kann sich verstecken,
Faust machen.

der Zeigefinger kann anklopfen,
3x klopfen.

der Mittelfinger möchte sich lang strecken,
Finger ausstrecken.

den schmücke ich mit einem Ring
Mit Daumen und Zeigefinger der zweiten Hand Ring darstellen und über Finger schieben.

und der kleine Finger winkt zu jedem Kind!
Finger auf und ab bewegen.

Der kleinen Floh

Berührungsspiel
Renate Steiner

Spielimpuls:
Mit den Fingern dazu passende Bewegungen ausführen.

Kennst du den kleinen Floh?
Er versteckt sich immer irgendwo!
Aber wo kann er nur sein?
Vielleicht unten am Bein,
vielleicht kriecht er empor
und kitzelt dich hinterm Ohr!
Vielleicht sitzt er im Haar,
wär das nicht wunderbar?
Vielleicht hüpft er gerade fort,
schnell an einen anderen Ort!
Kennst du den kleinen Floh?
Er versteckt sich ...

Das Handschüttelmännchen

Begrüßungsspiel
Renate Steiner

Spielimpuls:
Mit der Hand dazu passende Bewegungen ausführen.

Da kommt das Handschüttelmännchen,
das schüttelt allen die Händchen.
Immer ist es freundlich und nett,
doch plötzlich ist es wieder weg.

Schaut nur unsern Kasper an

Tanz
Text und Musik:
Renate Steiner

2. Er streichelt dein Gesicht, der kleine liebe Wicht!
   Kasper zeigt uns dies und das,
   probiert doch irgendwas!
3. Er nimmt dich bei der Hand und führt dich durch das Land! Kasper zeigt uns dies und das, ...
4. Er macht sich winzig klein, hallo, wie ist das fein!
   Kasper zeigt uns dies und das, ...
5. Er kitzelt dich beim Ohr und singt dir noch was vor!
   Kasper zeigt uns dies und das, ...

6. Er hüpft auf einem Bein, hopp, hopp, so soll es sein!
   Kasper zeigt uns dies und das, ...
7. Er sagt: »Komm, tanz mit mir!« Hurra, so tanzen wir!
   Kasper zeigt uns dies und das, ...
8. Und wenn du traurig bist und nicht darauf vergisst!
   Kasper zeigt uns dies und das, ...
9. Er schickt dir einen Kuss, doch leider ist bald
   Schluss! Kasper zeigt uns dies und das, ...
10. Adieu, jetzt muss ich gehn, bis bald, auf Wiedersehn!
   Kasper zeigt uns dies und das, ...

Tanzform: Der/Die Spielleiterin lädt die Kinder mit einer Kasper- Handpuppenfigur zum gemeinsamen Tanz ein. Beim Refrain hüpfen alle im Kreis umher, bei den einzelnen Strophen wird angehalten und die Kinder versuchen die Bewegungen zum Text passend darzustellen.

Ich und du

Gedicht
Renate Steiner

Ich bin ich und du bist du,
gerne höre ich dir zu.
Spielst du gerne auch mit mir?
Du und ich –
ja, das sind wir!

Weiterführende Idee: Mit der Kasperfigur oder einer anderen beliebigen Handpuppe zum Text passend auf die Kinder zugehen und einen fröhlichen Dialog oder ein lustiges Spiel anregen.

Die Natur erleben

Vom Gewitter überrascht

Geschichte
Franz Steiner

Zweimal schon ist Sarah kurz nach dem Essen zum Telefon gerannt. Beim ersten Mal war Elisabeth am Apparat, beim zweiten Mal der kleine Maximilian, beides Freunde aus der Nachbarschaft. Sarah und Lukas dürfen heute gemeinsam mit ihren Freunden einen Ausflug zu einem Ententeich unternehmen. Die Mutter von Elisabeth hat alle dazu eingeladen. Kurze Zeit später parkt Elisabeths Mutter mit dem Auto vor ihrem Haus, und es dauert nicht lange, da sind sie auch schon unterwegs.
In einem Waldstück endet die Asphaltstraße vor einer Schranke. Dahinter führt ein Waldweg zu ihrem Ziel. Am Rand einer kleinen Lichtung stehen viele Bäume. Neben der Straße leuchtet eine lange Reihe gelber Sonnenblumen. Sie steigen aus. »Seht mal diese hohen Pflanzen, wie die im Sonnenlicht glänzen!«, ruft Sarah und läuft zu dem Sonnenblumenfeld. Lukas rennt gleich hinterher. Er hat einen Rucksack auf dem Rücken und ist ganz stolz darauf, das Picknick für Sarah und die anderen zu tragen. Die Sonne lacht vom Himmel herunter, nur vereinzelte Wolken sind über den Wipfeln der Bäume zu erkennen. Die Kinder bestaunen die farbenprächtigen Blüten der Sonnenblumen. »Wie gelbe Hüte sehen sie aus«, ruft Elisabeth, und der kleine Maximilian biegt frech eine Pflanze herunter, um sie besser betrachten zu können. »Die ist ja um ein beträchtliches Stück größer als ihr«, lacht Elisabeths Mutter.
Bevor sie losmarschieren, zeigt Sarah den beiden Jungen die Sonnenblumenkerne, die sich mitten in der Blüte befinden. »Die schmecken sehr gut«, meint Elisabeth. Dann knabbern alle wie die Eichhörnchen an den Kernen.
»Seid ihr so weit?«, ruft Elisabeths Mutter und sogleich machen sie sich auf den Weg. Zappelig wie Lukas ist, läuft er den anderen gleich ein Stück voraus. »Aus dem Weg«, schreit er und hopst an dem kleinen Maxi vorbei. So geht es eine Weile dahin. Nicht umsonst heißt er »Luki-Luk, der kleine Spuk«.

In der Zwischenzeit hat sich der Himmel verändert. Keinem ist aufgefallen, dass sich immer mehr Wolken zu einem Riesenknäuel zusammenballen. Plötzlich verdunkelt sich der Himmel, Wind kommt auf und schwarze Wolken jagen in wilden Fetzen herum.

Geschichte

»Da braut sich etwas zusammen«, bemerkt Elisabeths Mutter mit sorgenvollen Blicken zum Himmel. »Kinder, wir müssen uns beeilen, da dürfte ein Gewitter im Anrollen sein! Wir können uns in der Blockhütte am Teich unterstellen!«

Wie auf Kommando rennen alle gleichzeitig los. Sie spüren bereits einige Tropfen im Gesicht. Lukas läuft neben Sarah, so schnell er kann. Von weitem ist bereits das erste Grollen zu vernehmen und der Himmel verdunkelt sich noch mehr. Bald werden die ersten Blitze aus den Wolken zucken. »Da vorne ist die Hütte, ich kann sie sehen!«, ruft Maximilian, und alle beeilen sich, unter das schützende Vordach zu kommen. Gerade noch rechtzeitig, denn schon kommt der erste Regenschauer von oben heruntergeprasselt. »Puh, geschafft«, rufen alle. Die fünf lehnen sich dicht an die Holzbalken der Wand. Dunkel ist es geworden, so dunkel, dass dem kleinen Lukas die Angst ins Gesicht geschrieben steht. Wäre da nicht auch seine Schwester, die ihn am Arm hält, er würde sich restlos verloren vorkommen. Der Wind heult durch alle Ritzen, etwas knallt gegen die Hütte. Sarah zuckt zusammen.

»Hast du Angst?«, fragt Lukas unsicher.

Krawumm, fährt wie zur Antwort ein grellweißer Blitz aus dem schwarzen Wolkenschacht und der Donner folgt mit solch ohrenbetäubendem Krachen, dass alle wie festgenagelt dastehen. Der Donner ist so mächtig und laut, als würde sich die Erde öffnen und hunderttausende Gespenster aus ihrem Inneren hinausschleudern, die zuckend und blitzend über die Erde jagen. Lukas klammert sich an Sarah.

Wenig später prasselt der Regen herunter. Es sind solche Mengen, dass sich auf den Wegen sofort riesige Pfützen bilden. Nun drängen sich alle schnell zur Tür hinein. Sarah bemerkt, wie Lukas am ganzen Körper zittert. »Was ist, wenn der Blitz bei uns einschlägt?«, flüstert er.

Geschichte

»Das macht nichts, das Gebäude hat einen Blitzableiter«, antwortet Sarah schnell. »Hier drinnen sind wir sicher, nicht wahr?« Mit großen Augen blickt sie Elisabeths Mutter an. »Du hast Recht«, bestätigt diese und zeigt durch das offene Fenster auf einen Metalldraht, der an der Außenseite der Holzblockwand montiert ist. Der Draht führt vom Dach der Hütte nach unten in die Erde, wohin er den einschlagenden Blitz meist rechtzeitig ableitet. Dadurch kann der Blitz nur in den wenigsten Fällen ein Gebäude in Brand setzen.

Da geht ein spürbares Aufatmen durch die kleine Gruppe. Draußen biegen sich die Bäume im Wind. Der Sturm reißt sogar einige Äste ab, die er wild durch die Luft schleudert. Als das Gewitter nachlässt, wagt sich Elisabeths Mutter als Erste wieder vor die Tür. Misstrauisch beobachtet sie die Wolken am Himmel. »Jetzt aber schnell nach Hause«, ruft sie, klatscht in die Hände und läuft mit den Kindern am Ufer des Ententeichs entlang auf dem schnellsten Wege zum Auto.

Dort angekommen, wirkt der Himmel wieder ruhig und freundlich. Das Gewitter hat sich verzogen! Gleich darauf kommt auch die Sonne strahlend zum Vorschein. Aufatmend lassen sie sich in die Sitze fallen, pitsche-patschenass von den vielen Pfützen und nassen Sträuchern auf ihrem Weg. Aufgeregt quasseln nun alle durcheinander von den grell zuckenden Blitzen und dem darauffolgenden Donnerkrachen. »Das war richtig unheimlich«, meint Lukas. »Aber spannend«, sagt Maximilian. Danach lachen die Fünf wieder befreit und machen auf der Rückfahrt ihre Späße. Mutti dürfte sich zu Hause zwar Sorgen um sie machen. Aber in Kürze werden sie ja daheim sein, und dann gibt es trockene Sachen, Kakao und leckeren Kuchen für alle!

Sonnenblume

Gedicht
Renate Steiner

Im Garten wächst eine Blume,
leuchtend groß und hell.
Sonnenblume heißt sie,
oh, wie bist du schön!

Bald ist der Sommer zu Ende,
du hast uns Frucht gebracht.
Sonnenblumenkerne,
auch Vögel werden satt!

Sonnenblumenkerne

Auszählreim
Renate Steiner

Sonnenblumenkerne
picken wir so gerne,
zwie-wipp, zwie-wipp, zwie-wipp,
und du spielst mit!

Leuchtend gelbe Sonnenblumen

Große Sonnenblume in der Vase

Bastelidee
<u>Material:</u> gelbes und grünes Kopierpapier, runde Käseschachtel, Rundholzstab, Schere, Klebstoff, Bleistift, Malfarben

Mit Hilfe einer Schablone mehrere Blütenblätter auf das gelbe Papier zeichnen und ausschneiden. Diese anschließend rund um die Käseschachtel festkleben. Mit der Fingerkuppe schwarze Malfarbe in der Mitte der Käseschachtel auftupfen und damit die Sonnenblumenkerne andeuten. Den Rundholzstab grün bemalen und danach an der Rückseite der Blüte befestigen. Einige herzförmig ausgeschnittene Blätter aus grünem Kopierpapier am Stängel festkleben. In eine Vase oder einen Blumentopf gesteckt, ist diese leuchtende Blume ein schöner Blickfang in der Spätsommer- und Herbstzeit.

Gefaltete Sonnenblumenblüten

Das quadratische Papier falten (siehe Abb.), für jede Blüte benötigt man 8 Quadrate. Aus Naturpapier zwei Kreise von ca. 8 cm Durchmesser ausschneiden. Auf dem einen Kreis die gefalteten Blätter jeweils mit der längeren Spitze um den Kreismittelpunkt herum aufkleben, bis sich der Kreis mit den Blütenblättern schließt. Den zweiten Kreis nun auf dem ersten festkleben, sodass die Blütenblätter dazwischen liegen.
Um die Sonnenblumenkerne darzustellen, dunkelbraunes oder schwarzes Seidenpapier zu kleine Kugeln knüllen und auf dem oberen Kreis befestigen. Aus mehreren Blüten, die an einem Faden festgebunden werden, entsteht somit ein schönes Blumenmobile als Raumschmuck.
Besonders effektvoll kommen die Blumen zur Geltung, wenn man dazwischen einige Streifen aus grünem Krepppapier an der Decke befestigt.

Bastelidee
Material:
gelbes Faltpapier (ca. 10 x 10 cm), Seidenpapier, Tonpapier, Schere, Klebstoff, Faden

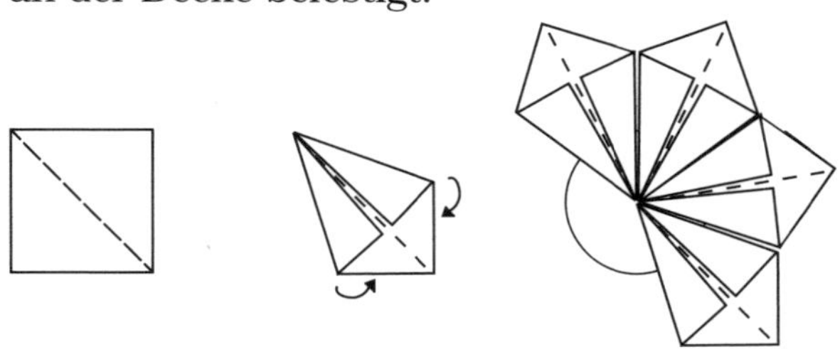

Sonnenblumenbilder

Fingerfarben in einen Teller füllen, in dem die Hand ausgestreckt gut Platz hat. Als Orientierungshilfe für den Handabdruck im oberen Drittel des Zeichenblattes mit Bleistift einen Kreis zeichnen. Handfläche in Farbe tauchen und mit ausgestreckten Fingern auf das Papier um den Kreis herum drücken. Dabei soll die Hand mit der Farbe beim Drucken möglichst nicht verrutschen.
Diesen Vorgang so oft wiederholen, bis rund um den Kreis die Blütenblätter vollständig sind. Danach mit der Fingerkuppe dunkle Farbe in das Innere des Kreises tupfen, um die Sonnenblumenkerne darzustellen. Den Stängel mit Pinsel dazumalen, die grünen Blätter wieder mit der Hand entlang des Stängels auf das Zeichenblatt drucken.

Kreatives Gestalten
Material:
Fingerfarben, großes Zeichenblatt, Bleistift, Pinsel, Teller

Entdeckungsreise in der Natur

Polaritätsübungen

Gruppenspiel

Der/Die Spielleiter/in animiert die Kinder, spezielle Dinge aus der Natur zu sammeln. Im Garten oder im Wald begeben sich die Kinder einzeln oder in kleinen Gruppen auf die Suche. Danach die gefundenen Schätze ausbreiten, zuordnen, vergleichen und gemeinsam besprechen:

- Gegensätze finden
  (großes Blatt – kleines Blatt / schwerer Stein – leichte Feder / harte Nuss – weiches Moos, / dicker Ast – dünner Ast / runde Blüte – eckiger Stein / schuppiger Zapfen – glatte Rinde / usw.)
- Geometrische Formen erkennen (rund – eckig – oval)
- Farben wahrnehmen
  (rot – gelb – grün – braun – blau – weiß – rosa – grau – schwarz – orange)

Weiterführende Idee: Mit den gefundenen Materialien basteln, experimentieren, sie als Legematerial verwenden oder zur Sinnesschulung einsetzen.

Naturlotto im Freien

Gruppenspiel

Der/Die Spielleiter/in bereitet etwa sechs bis zehn unterschiedliche Dinge aus der Natur vor (z. B. Schneckenhaus, Zweig, Stein, Erde, Blume, Blatt, Zapfen, Kastanie, Moos, Gras) und deckt diese mit einem Tuch ab.
Die mitspielenden Kinder versammeln sich rund um das Tuch, das für kurze Zeit weggenommen wird, damit die Kinder die Gegenstände betrachten und sich möglichst viele davon merken können. Danach werden die Dinge wieder zugedeckt. Die Kinder sollen nun im Gelände möglichst viele ähnliche Dinge suchen. Nach ein paar Minuten kommen alle mit ihren Fundstücken wieder zusammen. Der/Die Spielleiter/in holt einen Gegenstand unter dem Tuch hervor. Wer Ähnliches gefunden hat, darf es zu diesem dazulegen, usw. Am Spielende gemeinsam feststellen, wo sich die meisten bzw. wenigsten ähnlichen Dinge befinden.

Tast-Kimspiel

Gruppenspiel

Die Mitspieler stehen im Kreis nebeneinander und halten die Hände hinter sich. Der/Die Spielleiter/in legt einem Kind einen Gegenstand aus der Natur in die Hände. Nur durch Abtasten soll dieser erkannt und benannt werden. Gelingt dies, übernimmt das Kind die Rolle des Spielleiters und legt einem anderem Kind einen neuen Gegenstand zum Ertasten in die Hände.

Es beginnt zu regnen

Singspiel
Text und Musik: Renate Steiner

2. Unter einem Regenschirm winkt mir jemand zu.
   Meint, ich darf mich unterstellen, lauf hin im Nu!
3. Gehen wir gemeinsam, das macht doch richtig Spaß.
   Danke für den Regenschutz, nun werd' ich nicht nass.

Tanzform: Zwei Kinder spazieren im Kreis herum, eines davon mit einem aufgespanntem Regenschirm in der Hand. Zum Liedtext passend die Bewegungen darstellen.

Der Regenwolkenkönig

Gedicht
Renate Steiner

Der Regenwolkenkönig eilt hurtig durch das Land,
ihn kennen viele Menschen, ist überall bekannt.

Sein Freund, der Wind treibt ihn voran,
doch sieh, nun hält er plötzlich an.

Er schüttelt seinen Mantel aus,
unzählige Perlen fallen heraus.

Wirbelnd tanzt er, wie es ihm gefällt,
fährt heulend über Wald und Feld.

Erschöpft setzt er seine Reise fort,
weiter zieht er, an einen anderen Ort.

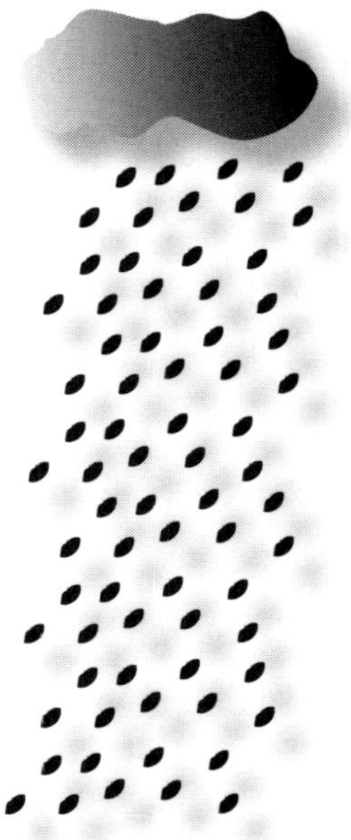

Das Schnupfenmännchen

Puppentheater
Renate Steiner

Unter einem Regenschirm
das Schnupfenmännchen zischt,
es wandert ohne Strümpf und Schuh,
hat manchen schon erwischt!

»Hatschi«, so kreischt es vor sich hin,
»was ist das für ein Wetter?«
Plitsch – platsch – nass
saust es barfuss über Bretter.

Regentropfen

Fingerspiel
Renate Steiner

Was hör ich an die Scheiben klopfen?
Viele kleine Wassertropfen!
Horcht nur, wie das klingt,
wenn der Regen singt:
»Große Tropfen, kleine Tropfen,
hurtig in die Pfütze tropfen!«,
und dann bin ich
patsch-nass!

Spielimpuls: Zum Text passend mit den Fingern auf den Tisch (den Boden) klopfen und das Regengeräusch nachahmen. Bei »patsch« mit beiden Händen gleichzeitig auf den Tisch klopfen, bei »nass« einmal in die Hände klatschen.

An einem Regentag

Gedicht
Renate Steiner

Regen prasselt auf das Dach,
die Kälte kriecht empor,
unaufhörlich tropft es runter,
es spritzt bis an das Ohr.

Komm schnell herein und wärme dich,
ich koche für uns Tee!
Gemütlich warm ist es hier drinnen,
du bist ganz nass – oje!

Sonnen- oder Regenschirmmobile

Bastelidee
Material:
3 bis 4 runde Blätter Faltpapier, Tonpapier, Rundholzstab, Klebstoff, Schere, Bleistift, Faden

Die runden Blätter in der Hälfte falten und wellig auseinander schneiden. Die so entstandenen Halbkreise nochmals falten, es entstehen Viertelkreise. Einen Viertelkreis mit Klebstoff bestreichen, einen zweiten darauf kleben (siehe Abb.).
Das zweite Viertel ebenso mit Klebstoff bestreichen, den nächsten zusammengeklappten Halbkreis wieder darauf kleben usw., bis zum Schluss das erste und das letzte Blatt den Kreis schließen. Zuvor einen Rundholzstab als Schirmstock einfügen und festkleben.
Die zusammengeklappten Teile wie bei einem Schirm kreisförmig auseinander falten. Eine Sonne oder eine Wolke aus Tonpapier ausschneiden. Mit einem Faden den bunten Schirm mit Wolke oder Sonne verbinden und an der Decke im Raum befestigen. Im Luftzug drehen sich die Schirme sanft hin und her.

Die Erde ist unsre Mutter

Lied
Text und Musik:
Renate Steiner

2. Wir alle sind verbunden, Pflanze, Mensch und Tier,
   Wasser zum Leben, ja, das brauchen wir.
3. Wir alle sind verbunden, Pflanze, Mensch und Tier,
   Sonnenlicht und Wärme, ja, das brauchen wir.
4. Wir alle sind verbunden, Pflanze, Mensch und Tier,
   Geborgenheit und Liebe, ja, das brauchen wir.
5. Wir alle dürfen leben, Pflanze, Mensch und Tier.
   Für die schöne Erde, Gott, wir danken dir.

Gesund von Kopf bis Fuß

Der Nächste, bitte!

Geschichte
Franz Steiner

Sarah und Lukas sitzen aufgeregt bei Vati im Auto. Lukas' Schwester hat gemeinsam mit ihrem Vater einen Termin beim Zahnarzt. »Zumindest einmal im Jahr sollte man seine Zähne untersuchen lassen, um zu wissen, dass alles in Ordnung ist«, hat Vati letzte Woche gemeint. Mutti hat dann vorsorglich einen Termin für sie vereinbart. »Bei richtiger Zahnpflege und entsprechender Vorsorgeuntersuchung erspart man sich unnötiges Zahnweh. Dann braucht unser Herr Doktor auch nicht zu bohren!«, erklärte sie.
Das war sehr beruhigend für Sarah. Dennoch wäre sie heute lieber bei ihren Puppen im Kinderzimmer geblieben, als zum Zahnarzt zu fahren. »Was sein muss, muss sein«, seufzte Mutti vorhin noch beim Wegfahren, während sie den Kindern nachwinkte.
»Hihihi, jetzt werden dir alle Zähne herausgerissen«, wirft Lukas auf dem Weg zum Zahnarzt spaßhalber ein!
Irgendwie ist den Kindern bei der Sache aber nicht ganz wohl zumute. Deshalb versucht Vati Sarah etwas aufzuheitern, während draußen die Landschaft an ihnen vorbeihuscht. »Du kannst es mir ruhig sagen, wenn du Angst hast. Gefühle sind wichtig, deshalb sollte man sie auch äußern. Dafür sind dein Vater und deine Mutter auch da, das weißt du doch, nicht wahr?«
»Aber ich habe keine Angst«, entgegnet Sarah selbstsicher. »Wenn man gesunde Zähne hat, passiert nichts. Dann wird kein einziger Zahn gezogen!« Sie zwickt Lukas kräftig in den Arm. »Hast du überhaupt schon Zähne?«, kichert sie und ruft laut zu Vati nach vorne: »Kann nicht Lukas an meiner Stelle heute drankommen? Bitte, bitte!
Lukas wird ganz bleich im Gesicht. »Nein!«, schreit er. »Du bist heute dran!« Dann verhält er sich so mucksmäuschenstill, als gäbe es ihn überhaupt nicht.
»Angsthase – brrr«, bleckt Sarah ihre Zähne. Einige Zahnlücken starren Lukas aus ihrem Mund entgegen.
Vati lacht. »Also, wer von euch beiden bekommt den heutigen Zahnarzttermin? Du, Lukas?«, stichelt er. Vati findet

das Geplänkel der Kinder sehr amüsant. Doch wie ist es mit ihm selbst? Hat er nicht auch ein flaues Gefühl im Magen, so ein leises Ziehen, ähnlich dem Ziehen seines schmerzenden hinteren Stockzahnes?

Geschichte

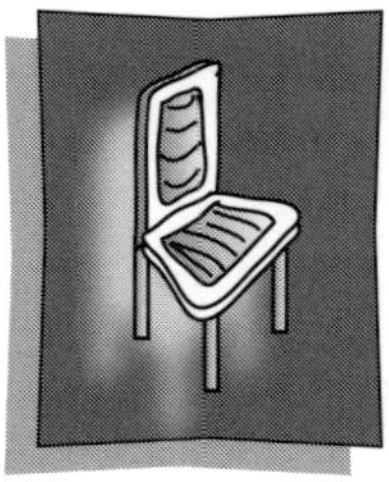

»Wie ist das eigentlich mit dir, Vati?«, kommt es prompt von der Rücksitzbank. Sarah hat die Frage gestellt. »Hast du Angst vorm Bohren?«

»Ich? Oooch«, zieht Vati die Antwort in die Länge, gerade so, als würde Mutti einen Endlosstrudel backen. Dann betastet er mit einer Hand seine Wange und meint: »Na ja, ich hoffe, dass nicht allzu viel gebohrt werden muss! Aber Angst habe ich natürlich keine.«

»Und wie oft hast du dir die Zähne geputzt, Vati?«, stochert Sarah weiter.

Vati stottert herum. »Äh, also – ich glaube ... nun – wenn ich ganz ehrlich bin, dreimal täglich ist es mir nicht immer gelungen«, seufzt er.

»Das war sicherlich zu wenig, sonst hätte dein hinterer Stockzahn nicht so ein Riesenloch«, gluckst Lukas. Das hat ihm Mutti vor der Abfahrt noch verraten.

»Wir sind gleich da«, unterbricht Vati das Gekicher der Kinder und biegt in eine Seitenstraße ein, um vor der Praxis des Zahnarztes zu parken. Irgendwie ist er erleichtert, dem Geplänkel seiner Kinder zu entkommen.

Kurze Zeit später sitzen alle drei im Wartezimmer des Zahnarztes. Sein Name ist Dr. Wackelstein – wie lustig!

»Klingt wie Wackelzahn«, meint Sarah. Sie hat ihre kleine Stoffhexe mitgenommen, die überhaupt keine Zähne hat. Die drückt sie jetzt fest an sich.

Lukas sitzt neben ihr. Es riecht ähnlich wie in einem Spital. Vom Behandlungsraum dringt ein Surren, wie von einer Bohrmaschine. »Hörst du das?«, flüstert Lukas zu Sarah hinüber. Er wagt es nicht, laut zu sprechen. Gegenüber sitzt ein alter Herr mit grauem Bart. Vati vertieft sich in ein Kreuzworträtsel.

Dann geht die Tür zum Behandlungsraum auf und der Arzt kommt heraus. »Na, Sarah, was machen deine Zähne?«, fragt er und blickt sie freundlich an. Dr. Wackelstein kennt Sarah schon recht gut. Er weiß, dass es bei ihr nicht viel zu tun gibt. Sie hat sehr schöne und gepflegte Zähne.

Auch wenn hin und wieder mal ein Milchzahn locker wird, der eine Lücke hinterlässt. Nach und nach kommen die nächsten Zähne und die werden genauso schön und gesund sein. Darauf ist Sarah zu Recht stolz! Schließlich bemüht sie sich ja auch, die Zahnpflege ernst zu nehmen. Dann fragt er höflich: »Wer ist der Nächste?«, und der alte Mann erhebt sich. Er ist vor ihnen an der Reihe.

Geschichte

Dadurch bleibt ihnen noch ein bisschen Zeit zum Plaudern und Beobachten. Lukas hat zwar keine übermäßige Angst mehr vor einer Zahnuntersuchung, aber er möchte trotzdem nicht mit Vati und seiner Schwester tauschen. Wenn die beiden als Nächste aufgerufen werden, begnügt er sich liebend gern nur mit dem Zusehen!
In absehbarer Zeit wird er selber auf dem Zahnarztsessel sitzen. Dann wird er genauso froh sein, gesunde Zähne zu haben, wie jetzt seine Schwester. Und er nimmt sich fest vor, heute Abend besonders sorgfältig seine Zähne zu putzen. Und zwar mit seiner eigenen roten Zahnbürste und seiner Lieblingszahnpasta mit dem Himbeergeschmack!

Den eigenen Körper erforschen

Wo ist die Nase?

Reaktionsspiel

Die Kinder sitzen oder stehen im Kreis. Der/Die Spielleiter/in fragt: »Wo ist die Nase?« Die Kinder antworten, indem sie am eigenen Körper diese rasch suchen und mit dem Finger darauf zeigen. Danach folgt eine weitere Frage: »Wo ist das Kinn (Auge, Mund, Schultern, Kinn, Nacken, Ohr, Wange, Bauch, Knie, Wade, Schienbein, Ferse usw.)?«. Die Kinder antworten immer in gleicher Weise.

Spielvariationen:

- Der/Die Spielleiter/in deutet stumm mit dem Finger auf einen Körperteil (z.B. Zunge), die Kinder benennen diesen gemeinsam.
- Noch schwieriger wird es, wenn Kinder beim Spiel Einzahl oder Mehrzahl beachten müssen. Der/Die Spielleiter/in zeigt mit beiden Händen zu den Ohren,

die Kinder benennen die Mehrzahl, ebenso umgekehrt: »Wo sind die Füße?« Nun müssen auch die Kinder mit beiden Händen zu den Füßen greifen.

- Anstelle des Spielleiters/der Spielleiterin übernimmt jeweils ein anderes Kind die nächste Fragestellung.

Wandbild zum Messen der Körpergröße

Kreatives Gestalten
Material:
Spanplatte (ca. 100 x 30 cm), Filz, Klebstoff, Schere, Bleistift, Nägel, Hammer

Kopf und Hals einer Giraffe auf Filz aufzeichnen und ausschneiden. Die Spanplatte mit Filz überziehen und die ausgeschnittene Giraffe darauf kleben. Am Rand eine Maßskala aus Filz anbringen (siehe Abb.).
Das fertige Wandbild in der richtigen Höhe an der Wand befestigen, sodass die Maßskala, die ab der Höhe von 60 cm beginnt, damit übereinstimmt. Die Kinder können nun über einen längeren Zeitabschnitt ihr Größerwerden beobachten.

Weiterführende Idee: Interessant ist es, die Umrisse des Körpers zu messen. Ein Kind legt sich jeweils auf einen großen Bogen Papier, ein anderes zieht eine Farbstiftlinie um es herum. An dieser Linie entlang legen die Kinder einen Wollfaden. Die Länge dieses Fadens entspricht auch der Länge des Körperumrisses. Die Kinder werden über die Fadenlängen staunen!

Öre, näse

Schwedisches Kinderlied
Mündlich überliefert

Tanzform: Zum Text passend mit den Händen auf die genannten Körperteile zeigen. Bei »klippe, klappe, klum« dazu passend klatschen, patschen oder stampfen. Das Lied nach Belieben auch in einer anderen Sprache wiederholen und eventuell Tempo verändern.

In Deutsch:

Ohren, Nase, Knie, Zeh'n, Knie, Zeh'n,
Ohren, Nase, Knie, Zeh'n, Knie, Zeh'n,
Ohren, Nase, klippe, klappe, klum,
Ohren, Nase, Knie, Zeh'n, Knie, Zeh'n.

In Englisch:

Ears, nose, knee, toes, knee, toes, ...

Wenn ich in den Spiegel schaue

Lied
Text und Musik:
Renate Steiner

2. Wenn ich in den Spiegel schaue, ja, was seh ich da?
   Meine Nase, meine Nase, das ist wunderbar!
3. Wenn ich in den Spiegel schaue, ja, was seh ich da?
   Meine Haare, meine Haare, das ist wunderbar!
4. Wenn ich in den Spiegel schaue, ja, was seh ich da?
   Meine Lippen (Zähne, Zunge, Stirne, Wimpern, Wangen, Schultern usw.), das ist wunderbar!

Taschentücherbehälter

Tipp zur Raumgestaltung
<u>Material:</u>
Karton, Filz, Bleistift, Schere, Klebstoff, Nägel, Hammer

Ein Känguru auf Karton zeichnen (siehe Abb.), mit Filz überziehen und dekorativ ausgestalten. Eine Beuteltasche zuschneiden, nur am Rand mit Klebstoff bestreichen und auf das Känguru kleben. Der Beutel dient nun zur Aufbewahrung von Papiertaschentüchern und soll die Kinder an das Naseputzen erinnern. Mit Nägeln das Känguru an der Wand befestigen.

Bewusste Ernährung

Die Ernährungspyramide

Die Pyramide besteht aus sieben Ebenen, wobei die Menge sich im Laufe des täglichen Bedarfs zur Spitze hin verringern muss. Die Wandtafel mit dazu passenden Bildern, die die Kinder aus Zeitschriften ausschneiden, anschaulich gestalten. So können sich bereits jüngere Kinder, die noch nicht selber lesen, gut orientieren und das Essverhalten bewusster wahrnehmen.

Wandbild
Material:
Karton, alte Zeitschriften, Schere, Klebstoff

Hinweis: Die Ernährungspyramide dient als Checkliste für die tägliche Getränke- und Nahrungsmittelauswahl, damit der Körper ausgewogen mit allen wichtigen Stoffen versorgt werden kann.

Süßes
(ganz wenig)

Öle, Nüsse, Samen
(sparsam dosieren, kalt gepresstes Olivenöl ist besonders gesund)

Fleisch, Geflügel, Wurst, Fisch, Ei
(weniger ist mehr, maximal 2–3 Eier pro Woche)

Milch, Käse, Milchprodukte
(enthalten wichtiges Calcium, dabei Magerprodukte bevorzugen)

Obst, Gemüse, Salate
(täglich mehrmals Obst und Gemüse, auf Farbzusammenstellungen achten: rot-gelb-orange-grün, diese enthalten Pflanzenschutzstoffe)

Vollkornbrot, Hülsenfrüchte, Kartoffeln
(je mehr desto besser, sorgen für Energie bei fettarmer Zubereitung)

Wasser, Früchte-, Kräutertees, nicht zu süße Fruchtsäfte
(2–3 Liter täglich trinken, ist gesund und lebenswichtig)

Die richtige Auswahl

Zuordnungsspiel

Der/Die Spielleiter/in legt verschiedene Nahrungs- und Genussmittel (Brot, Schokolade, Zigarette, Kartoffel, Glas mit Wasser, Limonadendose, Zuckerstücke, Karotte, Speck, Lutscher, Banane, ...) auf dem Tisch aus. Danach an die Kinder Fragen stellen:

»Welche Dinge davon brauchen wir notwendig?«
»Welche davon nicht unbedingt?«
»Welche sind sogar schädlich?«

Die Kinder gruppieren anschließend die Dinge nach ihrem Ermessen und ordnen sie bunten Tüchern zu (grün = notwendig, gelb = nicht unbedingt, rot = schädlich). Dabei sollten die Kinder ihre Auswahl auch begründen.

Weiterführende Ideen:

- Die Kinder schneiden aus Werbeprospekten Abbildungen von diversen Lebensmitteln aus und gruppieren diese nach Oberbegriffen wie Obst – Gemüse – Milchprodukte – Fleisch – Getreideprodukte. So entstehen große Wandbilder.
- Die Kinder überlegen und versuchen herauszufinden, in welchen Nahrungsmitteln Zucker sein kann. Zuvor schneiden sie aus Illustrierten verschiedene Lebensmittelabbildungen aus und kleben diese auf einen großen Karton.

Spielanleitung: Von einer leeren Zuckertüte, die in der Mitte aufgeklebt wird, zeichnen die Kinder Pfeile, die zu den Lebensmitteln führen, von denen sie annehmen, dass sie Zucker enthalten (Ketchup, Cola, Eis, Torte, Milchschnitte, Pudding, ...).

One apple a day keeps the doctor away

Englisches Kinderlied
Text: Englisches Sprichwort
Melodie: Renate Steiner

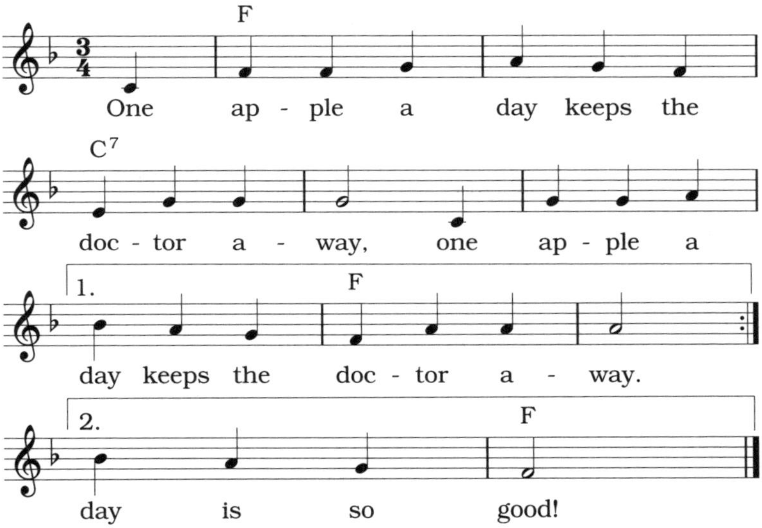

Auf Deutsch heißt es:
Ein Apfel am Tag hält den Arzt fern,
ein Apfel am Tag ist so gut!

Reife Äpfel

Spruch
Renate Steiner

Reife Äpfel, knackig frisch,
liegen hier bei uns am Tisch.
Koste und beiß hinein!
Mmm, schmeckt der aber fein!

Ich hab Hunger

Fingerspiel
Renate Steiner

- *Daumen:*
  »Ich hab Hunger!«, ruft der Daumen
  und holt sich ein paar reife Pflaumen.
- *Zeigefinger:*
  »Ich möchte Vollkornbrot mit Butter
  und Kräutertee, aber ohne Zucker!«
- *Mittelfinger:*
  »Ich esse gerne Dinkelbrei,
  mit Äpfeln, Nüssen, einerlei!«
- *Ringfinger:*
  »Karotten, Gurken, knackig frisch,
  gehören auf meinen Frühstückstisch!«
- *Kleiner Finger:*
  Und dieser, der ganz kleine, sagt:
  »Mir schmeckt am besten Obstsalat!«

Weiterführende Idee: Der/Die Spielleiter/in hat einen Teller mit unterschiedlichen Frucht- und Gemüsestücken vorbereitet. Mit geschlossenen Augen dürfen die Kinder kosten, um die Früchte am Geschmack wiederzuerkennen.

Gesunde Mahlzeiten selbst zubereiten

Fitnessbrot / *Dinkelvollkorngebäck*

Rezept
Zutaten:
1 kg Dinkelvollkornmehl (frisch gemahlen), 50 ml Wasser, 60 g Hefe, 3 EL Öl, 2 P. Brotgewürz, 1 EL Salz, Mohn, Sonnenblumenkerne, Kümmel, Sesam oder Salz zum Bestreuen

Das Wasser und die zerbröckelte Hefe mit einem Schneebesen gut verrühren, die übrigen Zutaten beigeben und zügig einarbeiten. Den Teig 10 bis 15 Minuten kneten und anschließend gehen lassen, bis sich das Volumen verdoppelt hat. Nochmals durchkneten, in kleine Stücke teilen. Etwas Mehl auf ein Backbrett geben und Gebäck formen (Kipferl, Brötchen, Brezeln, Stangen, ...). Mit warmem Wasser bestreichen und mit beliebigen Gewürzen bestreuen. Im vorgeheizten Backofen bei 220° ca. 20 bis 25 Minuten backen. (Während des Backens eine Schale mit Wasser auf den Boden des Backofens stellen.)

Hinweis: Vollkornbrote enthalten Vitamine der B-Gruppe, die für Leistungs- und Konzentrationsfähigkeit der Kinder von entscheidender Bedeutung sind.

Energiekäse / *Pikanter Quarkaufstrich*

Quark und Joghurt in einer Schüssel cremig rühren, Gemüse fein reiben und unter die Quarkmasse mischen. Nach Geschmack mit Kräutersalz würzen.
Der Quarkaufstrich schmeckt besonders gut auf Vollkornbroten, die mit Radieschen, Gurkenscheiben, Tomaten, Paprikastreifen, Schnittlauch, Kresse, Lauch, Salatblättern, ... abwechslungsreich garniert werden können.

Hinweis: Milchprodukte enthalten hochwertiges Eiweiß, das für den Knochenaufbau der Kinder besonders wichtig ist. Es sollte bei keiner Mahlzeit fehlen!

Rezept
Zutaten:
250 g magerer Speisequark, etwas Magerjoghurt, 1 Möhre, 1 kleine Zwiebel, 1 kleine Dose Maiskörner, Kräutersalz

Vitaminhappen / *Schnelle Rohkost*

Gemüse und Äpfel fein schneiden, Sonnenblumenkerne zugeben, Sahne unterrühren und mit Kräutersalz abschmecken.
Die Rohkost auf kleine Vollkornbrotstücke verteilen, zum Garnieren frische Gemüsestücke auf Zahnstocher schieben und in die Brothappen stecken.

Hinweis: Obst und Gemüse dienen der lebensnotwendigen Vitaminversorgung des Körpers. Sie geben Schutz vor Infektionserkrankungen und beeinflussen unter anderem gesundes Wachstum, die Muskeltätigkeit sowie die Zellerneuerung.

Rezept
Zutaten:
1 Paprikaschote, 2 Äpfel, 3 Möhren, 3 EL Sonnenblumenkerne, ½ Becher Sahne, etwas Kräutersalz

Guten-Morgen-Müsli / *Früchtemüsli*

Joghurt mit Honig verrühren, Flocken beigeben (wenn vorhanden, mit Flockenpresse erst kurz davor quetschen) und mit den übrigen Zutaten verfeinern. In kleinen Schüsseln servieren.

Hinweis: Die angeführten Früchte enthalten keine oder nur wenig Säure und passen daher gut zum Kohlehydrat dazu.

Rezept
Zutaten:
1 Becher Magerjoghurt, 1 TL Honig, 3 EL Haferflocken, nach Geschmack einige Nüsse, Rosinen, Trockenfrüchte, Bananenstückchen, Heidelbeeren, ...

In der Küche vom Wurzelfranz

Spiellied
Text und Musik:
Renate Steiner

Spielimpuls:
Zum Lied passend ein Gemüsetheater oder ein Schattenspiel aus Gemüsefiguren fantasievoll gestalten: Gemüsestücke auf eine Gabel stecken, so kann man besser mit den Figuren agieren. Nach der Vorstellung das Gemüse zum Kochen verwenden!

2. Ich, die Erbse, komm nie allein,
   habe viele Geschwisterlein.
3. Ich, die Möhre, bin groß und schlank,
   wer mich isst, wird selten krank.
4. Ich, die Zwiebel, schaut mich an,
   habe viele Kleider an.
5. Ich, der Krautkopf, bin dick und schwer,
   rolle langsam hin und her.
6. Ich, die Tomate bin rund und rot,
   man legt mich gern aufs Butterbrot.
7. Ich, der Kohlrabi, bin hart wie Stein,
   probier einmal und beiß hinein.
8. Alle drehn sich im Kreis herum,
   der Suppentopf, der freut sich drum!

Zähneputzen

Die Zähne

Gedicht
Renate Steiner

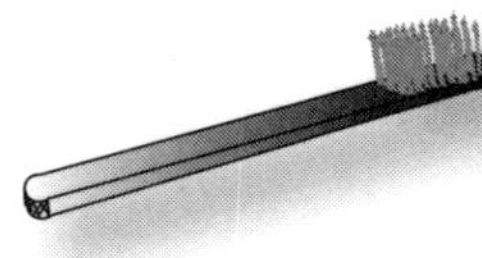

Wie sie nun zu putzen sind?
Na, das weiß längst jedes Kind.
Mit der Bürste eine Reise
auf den Flächen schön im Kreise,
von Rot nach Weiß, so kehrt man feste
weg die letzten Speisereste,
die noch in den Zähnen sitzen,
in den Ecken, in den Ritzen!
Denn wir haben uns geschworen:
Lieber bürsten und nicht bohren!
Und man ruft es schon von weit:
Zähneputzen ist gescheit!

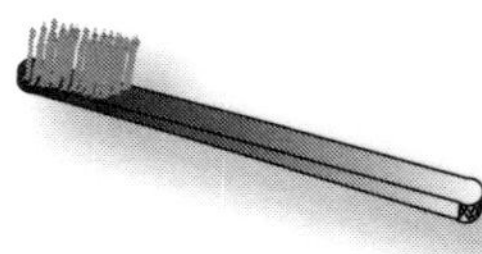

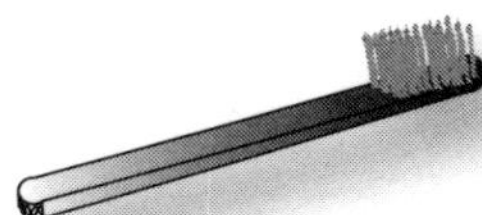

Zähneputzen

Gedicht
Renate Steiner

Zähneputzen, das ist lustig,
Zähneputzen, das ist fein,
denn die Zähne wollen immer
ganz, ganz weiß und sauber sein!

Nach dem Zähneputzen

Gedicht
Renate Steiner

Wenn man nach dem Zähneputzen
abends noch was Süßes isst,
hat das Putzen wenig Nutzen,
weil das Süße Löcher frisst.

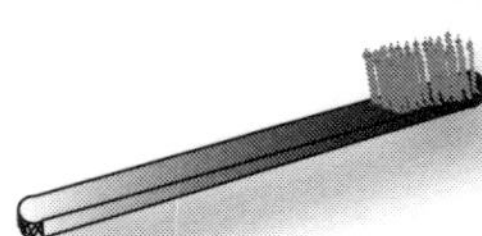

Kleines Kamm-Zahnexperiment

Versuch

Die Kinder drücken zwischen die Zähne eines Frisierkammes verschiedene kleine Proben von Nahrungsmitteln (z.B. Bananenstücke, Brotstückchen, Streichkäse usw.) und lassen den Kamm 2 bis 3 Tage zur Beobachtung ungesäubert liegen. Die beginnende Geruchs- und Fäulnisbildung kann nun in Bezug zu entstehender Karies an ungeputzten Zähnen diskutiert und veranschaulicht werden!

Wackelzähne hat nicht jeder

Lied
Text und Musik:
Renate Steiner

2. Zähne putzen, das ist wichtig,
   Zähne putzen, das kann ich ...
3. Haare kämmen, das ist wichtig,
   Haare kämmen, das kann ich ...
4. Nase putzen, das ist wichtig,
   Nase putzen, das kann ich ...
5. Hände waschen, das ist wichtig,
   Hände waschen, das kann ich ...
6. Nägel feilen, das ist wichtig,
   Nägel feilen, das kann ich ...
7. Schuhe binden, das ist wichtig,
   Schuhe binden, das kann ich ...

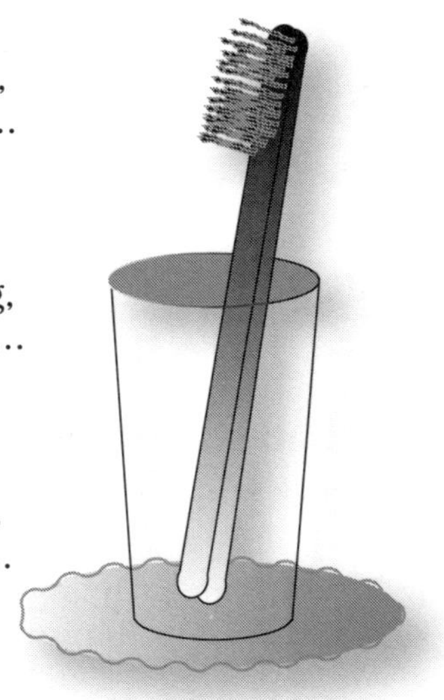

Hinweis: Das Lied soll Kinder zu Eigenständigkeit und Selbstbewusstsein in der Körperpflege anregen.

Der Herbst zieht ins Land

Flieg mit dem Wind

Geschichte
Franz Steiner

»Prima Wetter zum Drachen steigen lassen!«, wendet sich Sarah an ihren kleinen Bruder. Das lässt sich Lukas nicht zweimal sagen. Sofort zieht er eine bunte Holzkiste unter seinem Bett hervor, um den alten, vergilbten Drachen zu Tage zu fördern. »Na, du siehst ja schön aus!« Lukas betrachtet aufgeregt die verbogene Gestalt mit dem zerknitterten Pergamentpapier.

»Den müssen wir vorher noch ein bisschen reparieren«, schlägt Sarah vor. Sogleich laufen sie ins Wohnzimmer, wo ihnen Mutti hilft, den Drachen wieder flugbereit zu machen. Draußen bläst ein heftiger Wind: ideal für den Drachen! Schnell haben sie alles beisammen: eine lange Schnur und außerdem noch Schere und Klebstoff, falls er abstürzt und erneut zusammengeflickt werden muss. Die kleine Stoffhexe aus der Spielzeugtruhe reibt sich bereits die Hände. Sie darf heute mit von der Partie sein. Schon stürmen die Kinder ins Freie.

Jauchzend laufen sie zur großen Blumenwiese. Der Wind zerrt bereits heftig am Drachen und Lukas kann es gar nicht abwarten, ihn starten zu lassen. Außer ihnen ist heute niemand hier, sie haben genügend Platz. Sarah hält den Drachen in der Hand, während Lukas mit der Schnur losläuft. Wie bunte Schmetterlinge flattert der Schwanz des Drachens hinterher, als er sich in die Lüfte hebt. Glücklich rennt Lukas quer über die Wiese, beinahe wäre er über einen Maulwurfshügel gestolpert. Steil zieht der Drachen in den Himmel.

Sarah sitzt im Gras, die Jacke hochgezogen, um sich vor dem Wind zu schützen, und beobachtet den wackeligen Flug des Drachens. Die Sonne ist heute ganz grell und der Himmel scheint unendlich weit zu sein. Ganz oben, viel höher als der Drache, zieht ein Düsenjet weiße Kondensstreifen. »Was für ein herrlicher Tag!«, ruft Sarah, schließt die Augen und genießt die Sonne im Gesicht. Da kommt ihr eine Bombenidee. »He, Luki-Luk, kleiner Spuk«, ruft sie ihrem Bruder nach, »wie wär's, wenn wir die Stoffhexe mitfliegen lassen?«

Geschichte

Die kleine Hexe, die neben Sarah im Gras liegt, fährt wie ein Blitz in die Höhe und spreizt ihre Finger gegen die Sonne.

»Iiih-hihihihi, lieber flieg ich mit dem Zauberbesen,
als mit diesem altvergilbten Drachenwesen!«,

kichert sie und klopft sich mit dem Finger an die Stirn! Dann vergeht ihr aber das Lachen, denn Lukas zieht abrupt den Drachen ein und autsch, landet dieser nicht gerade sanft neben Sarah und ihr auf der Wiese. »Glaubst du nicht, dass die Hexe für den Drachen zu schwer ist?«, gibt Lukas zu bedenken.

Sarah jedoch hebt die Stoffhexe bereits aus dem Gras, und zack, sitzt sie mitten im lachenden Drachengesicht, das durch das Pergamentpapier schimmert. Nun klammert sich die Hexe an das Gestänge des altersschwachen Drachens und hält verzweifelt ihren Besen zwischen den Beinen fest. Eifrig sucht sie nach einem Zauberspruch für diese verzwickte Lage, aber in der Eile fallen ihr nie die richtigen Sprüche ein.

»Schnickse, schnackse, Hühnerklackse,
äääh ... schnackse, schnickse, Hühnerklickse«,

stammelt sie aufgeregt. Aber Sarah entreißt der Hexe flugs den Besen und bindet sie mit einem Wollfaden im Gestänge fest. Verzweifelt zappelt die kleine Stoffhexe nun mit den Füßen und schlägt um sich. »Was soll das Gezappel?«, krächzt der Drache ungeduldig und beginnt zu flattern. »Nur ruhig«, ruft Sarah und überprüft nochmals den Knoten. Ob der wohl hält? »Gleich kann es losgehen!«, meint sie zuversichtlich. Dann drückt sie der Stoffhexe einen Abschiedskuss auf die Nase.

»Huch-huch-huch, was sind denn das für Sachen?«, schüttelt es den Drachen nun vor Lachen. Er bläht sich auf und sein ganzer Körper beginnt zu knattern und zu flattern. »Bäääää«, antwortet die Stoffhexe, und voller Angst funkeln ihre Augen. »Du altersschwacher Narr«, kreischt sie, »wir werden beide abstürzen!«

Da hebt der Wind sie schon ruckartig aus dem Gras und es erübrigt sich jedes Wort. Beinahe hätte der Drachen schon beim Start einen Purzelbaum geschlagen, hätte Lukas nicht sogleich ganz fest an der Schnur gezogen und wäre er nicht ganz schnell davongeflitzt. Nun lässt er die

Geschichte

die Schnur länger werden und der Drachen fliegt so recht und schlecht mit der Hexe auf dem Rücken durch die Luft. Jetzt kann er der Hexe zeigen, was Fliegen heißt – richtiges Fliegen, nicht so ein jämmerliches Dahinschwirren, wie es Hexen auf ihren vertrockneten Besen immer tun. »Wir machen einen Looping!«, brüllt er, und – huch, huch, huch – reißt es der Hexe beinahe die Glasaugen aus dem Kopf, als er plötzlich steil nach oben zieht. Doch genau am höchsten Punkt der Flugbahn setzt unvermittelt der Wind aus und dem Drachen vergeht das lächerliche Getue. Sich überschlagend wie ein verrückt gewordener Doppeldecker, stürzt er mitsamt der festgebundenen Hexe nach unten. »Wir stürzen ab!«, kreischt die Stoffhexe jämmerlich. Doch der Drachen kann nichts tun, gar nichts, außer die Augen zu schließen und den Aufprall abzuwarten! Krawumm, knallen sie mit einem so furchtbaren Krachen auf die Erde, dass die Trümmer nur so fliegen.
Sarah und Lukas hetzen schuldbewusst herbei. Lukas beginnt vor Enttäuschung zu weinen. Irgendwie hat er gleich gewusst, dass der Drachen es nicht schaffen würde, und nun ist der Drachen kaputt!
Das Papier und die Holzstreben des Drachens sind zerbrochen. Die kleine Stoffhexe liegt ganz benommen und zerrupft daneben im Gras. Sarah hebt sie aus den Trümmern. »Gott sei dank, ist dir nicht viel passiert«, stellt sie aufatmend fest und drückt sie an sich.
»Ihr nicht, aber dem Drachen«, schluchzt Lukas bitterlich. »So schön ist er geflogen, und jetzt?«
»Warum hast du nicht stärker an der Schnur gezogen?«, bemerkt Sarah knapp, »dann wäre er nicht abgestürzt!« Sie fühlt sich völlig unschuldig.
Später im Kinderzimmer vergräbt sich die Stoffhexe ganz tief in der Spielzeugtruhe. Sie hat die Nase voll von solchen Abenteuern. Peng, schließt sie den Deckel der Truhe. Der Drachen jedoch liegt frisch zusammengeflickt im Kasten und stöhnt unaufhörlich. »Oh, mein Kopf«, jammert er, »oh, mein Kopf!« Heimlich freut er sich aber doch von Herzen darüber, dass ihn die Kinder morgen wieder in den Himmel steigen lassen wollen. Dann aber ohne die lästige Hexe auf dem Rücken und bei viel stärkerem Wind als heute!

Heute gehn wir Drachen steigen

Lied
Text und Musik:
Renate Steiner

2. An der Schnur tanzt er im Kreise,
dreht sich immer hin und her,
und sein Schwanz folgt ihm geschwinde,
flattert immer hinterher.

3. Immer höher, immer höher,
steigt er in den Himmel auf,
möchte fliegen immer weiter,
doch die Schnur, die hält ihn auf.

4. Drachen steigen, das ist lustig,
ja, das weiß ein jedes Kind,
leuchtend bunt strahlt er vom Himmel,
o wie schön die Farben sind.

Lustige Drachen

Papierdrachen

Zeichenblatt falten (siehe Abb.), mit Malfarben ein lustiges Drachengesicht darstellen. Aus Krepppapierstreifen Maschen drehen und mit Hilfe der Klammermaschine am Drachen befestigen. Für den Drachenschwanz 3 bis 5 bunte schmale Krepppapierstreifen übereinander legen und ebenfalls mit Heftklammern am Drachen festmachen. Der Papierdrachen ist ein beliebter Wandschmuck für jedes Kinderzimmer. Fröhlich lacht der bunte Drachen auch zum Fenster hinaus!

Bastelidee
Material: *quadratisches Zeichenblatt, Malfarben, Pinsel, Krepppapierstreifen, Heftklammern (Klammermaschine)*

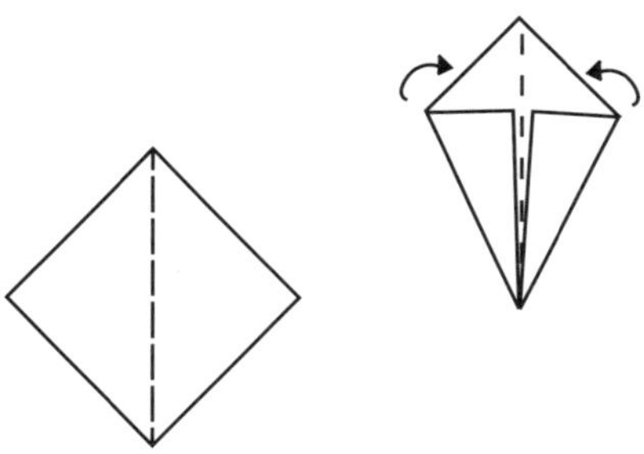

Drachen aus Kleiderhaken

Drahtbügel am Haken festhalten und die gegenüberliegende Drahtseite vom Haken weg nach außen ziehen; dadurch bildet sich die Grundform eines Drachens. Darüber nun ein Bein einer möglichst bunten Feinstrumpfhose ziehen, spannen und fest verknoten. Den übrigen Strumpf abschneiden.
Aus Filz Augen, Nase, Mund und Wangen zuschneiden und am Drachen festkleben. Haare aus Wolle verschönern das Drachengesicht. Um den gebogenen Haken ein Stoffband wickeln und festknoten. Es bildet den Drachenschwanz, an den nun einige bunte Stoffstreifen geknotet werden. Es entsteht ein dekorativer Raumschmuck, der die Kinder immer wieder erfreut!

Bastelidee
Material: *Drahtkleiderhaken, alte Feinstrumpfhose, ca. 150 cm langes Stoffband, Filz, Wolle, Klebstoff, Schere*

Irgendwas

Lustiges Ratespiel
Franz Steiner

Wenn etwas in die Höhe steigt
und lustig sich vornüber neigt,
dann kann es doch nur etwas sein
mit buntem Schwanz statt einem Bein!
Was es ist – ein Gockelhahn?
Oder gar der Weisheitszahn?
Nein, nein, oh nein,
so dumm kann doch ein Kind nicht sein!
Es fliegt sehr hoch,
dann ist es klein,
es kann doch nur ein
.... tja, was kann es sein?
(nehcarD)

Hinweis: Das Lösungswort wird von rechts nach links gelesen und darf von den Kindern auch gezeichnet werden!

Viel zu stürmisch

Gedicht
Renate Steiner

Mit deinen großen Augen
siehst du mich an,
heute bleibst du im Zimmer,
da ist es angenehm warm.

Draußen tobt wild der Sturm,
sogar Bäume wirft er um.
Nein, nein, Drachen dürfen heute nicht hinaus,
viel besser ist es, wir bleiben zu Haus!

Es wird Herbst

Wissenswertes

Der Herbst beginnt laut Kalender am 23. September. Tag und Nacht sind zu diesem Zeitpunkt gleich lang. Danach werden die Tage immer kürzer, es wird zunehmend früher dunkel und auch kälter. Es ist die Jahreszeit, in der die Kastanien reifen, das Laub sich verfärbt und vor allem die Ernte eingebracht wird. Auch die Zugvögel sammeln sich, um in wärmere Länder zu fliegen.

Einige Tiere bereiten sich langsam auf den Winterschlaf vor, sammeln Vorräte und sind auf der Suche nach einem geschützten Unterschlupf. Für die Menschen ist es besonders schön, die Farbenpracht dieser Jahreszeit in all ihrer Fülle zu erleben.

Bunte Blätter

Lied
Text und Musik:
Renate Steiner

2. Bunte Blätter aus dem Walde
   holen wir in unser Haus.
   Kommt, wir suchen auch nach Eicheln,
   ja, dann sieht es herbstlich aus.
3. Bunte Blätter aus dem Walde
   holen wir in unser Haus.
   Kommt, wir suchen auch nach Zapfen
   (Blumen, Beeren, Zweigen, ...),
   ja, dann sieht es herbstlich aus.

Herbstblätter drucken

Kreatives Gestalten
<u>*Material:*</u>
Zeichenblatt, gepresste Blätter, Farben, Pinsel, Zeitungspapier

Gepresste Blätter auf der Unterseite und auch den Blattstiel bunt bemalen und mit der farbigen Seite auf ein Zeichenblatt legen. Zum Abdecken ein Zeitungsblatt darauf legen und mit der Handfläche glatt streifen. Das Zeitungsblatt vorsichtig abziehen – fertig ist das bunte Gemälde. In dieser Technik lassen sich schöne Glückwunschkarten gestalten.

Weiterführende Ideen:

- Abgedruckte Herbstblätter wirken effektvoll auch auf Fensterscheiben.
- Ein schönes Geschenk ist eine mit Blättern bedruckte Baumwolltasche. Zum Drucken leuchtend bunte Stoffmalfarben verwenden.
- Auch ein Blätter-Memory ist leicht herzustellen. Dafür auf zwei gleiche Kärtchen immer dasselbe Blatt drucken, sodass man Kartenpaare erhält.
- Für ein Blätter-Lottospiel benötigt man für jeden Mitspieler eine Grundplatte, auf der man sechs unterschiedliche Blätter abdruckt. Dazu passend druckt man sechs kleine Legekärtchen, die jeweils dasselbe Blatt zeigen.

Herbstliches kleines Weltspiel

Bastelidee
<u>*Material:*</u>
herbstliche Fundstücke aus der Natur, Holzfaserplatte, Schnur, Klebstoff, Schere, Nagelbohrer

Verschiedene kleine Äste, Zweige, Früchte, Samen, Gräser, Moos, Steine, Vogelfedern usw. bei einem gemeinsamen Spaziergang in der Natur sammeln. Die Holzfaserplatte dient anschließend als Bodenfläche, auf der nun die Kinder Landschaften, Tiergehege, Zäune, Hütten, Brunnen, Teiche, Brücken und Wege errichten. Aus Fundstücken wie Kastanien, Eicheln und Zapfen allerlei kleine Tiere und Figuren basteln, die nun zu einem lebendigen und fantasievollen Spiel anregen.

Hinweis: Das kleine Weltspiel lässt sich je nach Situation von den Kindern umgestalten oder beliebig erweitern und bildet ein faszinierendes Spiel für Drinnen und Draußen.

Gestalten mit Naturmaterialien

Halsketten aus Samen und Kernen

Zum Auffädeln eignen sich vor allem frische Samen, da sie noch weich sind und beim Durchstechen nicht brechen. Diese auf eine Unterlage verteilen, mit einer Nähnadel durchstechen und auf einen Faden schieben. Die Enden fest verknoten und zu einer Halskette zusammenbinden.

Weiterführende Idee: Auf einen Wollfaden aufgefädelte bunte Herbstblätter, Ahornfrüchte, Hagebutten, Kastanien oder Eicheln eignen sich besonders gut als herbstliche Raumdekoration.

Bastelidee
Material:
Kürbis-, Melonen-, Apfel-, Birnenkerne, Faden, Nadel, zusammengelegte Zeitungen, weiches Stechbrett

Herbstmandala

Die äußere Seite des Verschlussdeckels mit Klebstoff bestreichen und mit Blättern oder Gräsern strahlenförmig rundum bekleben. Deckel wenden, die Innenseite mit Klebstoff bestreichen und mit verschiedenen Naturmaterialien Ornamente legen. Den zweiten Deckel innen in gleicher Art gestalten. Beide Deckel mit den äußeren Seiten aneinander kleben. An einem Faden, dessen Enden zuvor mit eingeklebt werden, kann man das herbstliche Mandala als Raum- oder Fensterdekoration aufhängen.

Bastelidee
Material:
gepresste Blätter, getrocknete Gräser, Nussschalen, Kerne, 2 Verschlussdeckel von Schraubgläsern, Klebstoff, Faden

Kastanienkreuz

Ein Kreuz in beliebiger Größe auf eine Weichholzplatte vorzeichnen und von einem Fachmann (Tischler) zuschneiden lassen. Die Kastanien auf das Kreuz legen und annageln.
Weiterführende Idee: Möchte man ein besonders großes Kreuz machen, kann der Rand mit Kastanien gestaltet werden. Die Innenfläche beklebt man mit schönen gepressten Blättern.

Kreatives Gestalten
Material:
Weichholzplatte (ca. 1 cm stark), Kastanien, Nägel, Hammer, Bleistift

Stimmungsbilder – Herbstimpressionen

Herbstzeit

Gedicht
Renate Steiner

Hörst du die Blätter rauschen?
Sie summen ihr Abschiedslied.
Einmal noch kannst du lauschen,
bis es sie bald nicht mehr gibt.

Siehst du die kahlen Zweige?
Vögel verlassen ihr Nest.
Im Süden suchen sie neue Bleibe,
halten den Winter über dort fest.

Spürst du die kalten Hände?
Der Wind umarmt dich, mein Kind.
Schatten wandern über die Wände,
unendlich lang die Nächte sind.

Wunderbare Natur

Gedicht
Renate Steiner

Schau, wie die Vögel ziehn,
du musst nicht traurig sein!
Sie kehren wieder –
im Frühling,
oh, ist das fein!

Schau, wie die Blätter fallen,
du musst nicht traurig sein!
Neue treiben wieder –
im Frühling,
oh, ist das fein!

Schau, wie die Blumen welken,
du musst nicht traurig sein!
Neue blühen wieder –
im Frühling,
oh, ist das fein!

Welttierschutztag – Tieren begegnen

Wer kennt einen »Zebaffen«?

Geschichte
Franz Steiner

Lukas malt einen Kreis. Dann kommen zwei Punkte hinein und noch ein dritter. »Was soll denn das werden?«, fragt sich der Kasper, der daneben sitzt und von den Wasserfarben bekleckert wird. Die spritzt ihm Lukas ins Gesicht, nur so zum Spaß!
»Übermut tut selten gut«, zappelt der Hampelmann an der Wand. Dem hat Sarah einen bunten Kreis um seine Nase herum verpasst.
Sarah sitzt ebenso wie Lukas bei den Wasserfarben am Tisch. Als Nächstes schnappt sie sich die kleine Stoffhexe und zieht ihr das Kleid herunter.
Der Kasper verdreht die Augen. Was die Hexe doch für eine komische Unterwäsche anhat! Mit rosa Rüschen und Spitzen! »Hoho-ho«, möchte er losbrüllen, aber da fährt ihm Lukas mit dem Pinsel ins Gesicht und in kürzester Zeit ist seine lange Nase von vielen, vielen kleinen roten Pünktchen übersät. Als ob er Röteln hätte! Nur gut, dass man die Nase mit Wasser wieder sauber kriegen kann.
Sarah kramt in der Spielzeugtruhe herum. »Wo ist denn der Räuber Hoppelzopp?«
Heute ist Welttierschutztag, da möchte sie mit Lukas etwas besonders Interessantes zuwege bringen. Einen Zoo wollen sie bauen. Einen Zoo – mitten in ihrem Zimmer! Aber für einen Zoo brauchen sie Tiere: große und kleine, dicke und dünne, und die natürlich in verschiedenen Farben. Daher auch die Wasserfarben und das viele Papier auf dem Tisch.
Am Eingang des Zoos muss die kleine Stoffhexe als Kassiererin auftreten, weshalb sie von Sarah ein anderes Gewand bekommt. Der Kasper wird als Wärter die Tiere betreuen. Dazu haben sie den Teppich zur Seite gerollt. »Tiere brauchen Platz«, hat Lukas gemeint und den Tisch zur Seite gerückt. Dabei ist ihm das frische Wasser für die Malfarben übergeschwappt und auf den Boden getropft. »Macht nichts, wir brauchen sowieso einen Teich für die Tiere!«, hat Sarah ihren Bruder beruhigt.

Geschichte

Aber welche Tiere sollen hier leben? Sie haben nicht viele Tiere im Kinderzimmer, und eine Katze oder einen Hund haben sie auch nicht. Schon gar keine Affen, Kängurus oder womöglich Wildschweine!
Trotzdem haben sie in mühevoller Arbeit auf dem Boden ein großes Gehege errichtet. Aus Stühlen und Schachteln, Eisenbahnschienen und Legosteinen. Und da sie erst vor kurzem mit den Eltern im Tiergarten waren, wissen sie genau, wie die vielen Tiere in ihrem selbst gebauten Zoo auszusehen haben. Am besten hat Lukas der brüllende Löwe gefallen und Sarah das kreischende Affenbaby. Es gibt so viele Tiere im Zoo, dass man sie gar nicht alle aufzuzählen vermag. Die Tierwärter hegen und pflegen sie. Das ist wichtig, denn jedes Tier braucht einen geeigneten Platz und die richtige Pflege und Nahrung. Sonst könnten die Tiere nicht im Zoo leben. Viele Tiere stammen ja aus fernen Ländern, mit ganz anderen Lebensbedingungen.
»Da bist du ja!« Sarah entdeckt den Räuber Hoppelzopp und zieht ihn aus der Spielzeugtruhe. »Du meinst wohl, du kannst dich verstecken vor uns! Jetzt, wo wir bald die unterschiedlichsten Tiere in unserem Zoo zu betreuen haben! Aber leider haben wir zu wenig Tiere, und deshalb machen wir aus dir einen lustigen Zebaffen!«, ruft sie vergnügt. Dem Räuber Hoppelzopp stehen die Haare zu Berge. Er und ein »Zebaffe«? Hat man davon jemals gehört?
Ist das ein Monster? Der Kasper wird ganz weiß im Gesicht. »Das können die Kinder doch nicht machen!«, ruft er aufgebracht.
»Das wäre ja Tierquälerei«, schreien die Puppen aus Sarahs verschlossenem Kasten.
»Aber wir sind doch keine Tiere!«, meint das gescheite Räuchermännchen mit der Brille auf der Nase.
»Wuff, wuff, ich aber schon«, meldet sich Sarahs Stoffhund, und »quak, quak, quak«, besteht auch die Watschelente darauf, ein Tier zu sein! Beide haben es sich längst in dem neu erbauten Gehege auf dem Boden bequem gemacht. Nun warten sie auf die nächsten Bewohner. Welche Tiere das wohl sein werden?
»Wie viel Tiere gibt es denn auf der Welt überhaupt?«, rätselt Lukas. Sarah weiß es nicht, hat aber einen guten Einfall.

Sie deutet auf den Kasper mit den roten Pünktchen auf der Nase. »Das ist ein Sauafferl, u-huhu«, meint sie und schüttelt sich vor Lachen.
Lukas stimmt in das Gekicher von Sarah mit ein. Überschwänglich wirft er seinen Pinsel in das Gehege auf dem Boden. »Und das wird ein Pinschelwinschel!«
Sarah zeigt auf den Hampelmann. »Dann soll der ein Schimpanase werden, u-huhuhu!« Sie nimmt ihn von der Wand herunter und wirft ihn kurzerhand zum »Pinschelwinschel« ins Gehege.
Die Quakente wird ein »Stachelschwan« und die Puppe ein »Schmetterigel«. Beinahe bekommt Lukas keine Luft mehr vor Lachen. Dafür entdeckt Sarah den überraschten Teddybären und erklärt ihn zum »Kängueinchen«. Die beiden können sich gar nicht mehr beruhigen, so lustig finden sie die neuen Tiernamen.
Aber um solche Tiere in ihrem Gehege leben zu lassen, müssen sie sie erst einmal malen und basteln. Von einer witzigen Idee bis zu ihrer Ausführung dauert es nämlich meistens länger als man denkt und da haben sie ja noch sehr viel zu tun!

Geschichte

Welttierschutztag

Wissenswertes

Dieser Tag wird jährlich am Namenstag des heiligen Franz von Assisi (4. Oktober) gefeiert. Franz von Assisi verzichtete auf materielle Dinge und lebte freiwillig in Armut, was ihm inneren Reichtum und Fröhlichkeit bescherte. Umso mehr schätzte er die Natur und zeigte Ehrfurcht vor ihr. Der »Sonnengesang«, ein Lobpreis an den Schöpfergott, ist sein berühmtestes Gebet. Besonders lieb waren ihm die Tiere, die er als seine Brüder und Schwestern bezeichnete. Seit 1980 ist er Patron des Umweltschutzes und der Tiere.

Die bunte Welt der Tiere

Lied
Melodie: Mündlich überliefert
Text: Renate Steiner

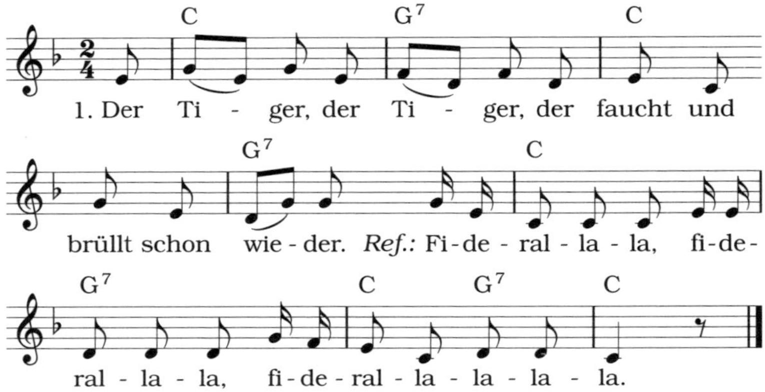

2. Der Elefant, der Elefant,
der ist uns allen wohl bekannt.

3. Das Krokodil, das Krokodil,
das schläft ganz faul und frisst doch viel.

4. Das Känguru, das Känguru,
das macht den Beutel auf und zu.

5. Der dicke Bär, der dicke Bär,
der wackelt immer hin und her.

6. Der Kakadu, der Kakadu,
der sitzt am Baum und pfeift dazu.

7. Der Löwe da, der Löwe da,
das ist ein Tier aus Afrika.

8. Der Papagei, der Papagei,
der schaukelt gern und kreischt dabei.

9. Der Affe hier, der Affe hier,
der Affe ist ein keckes Tier.

Fröhliche Spiele zur Tierwelt

Zoogeschichte

Körper-berührungs-/ Massagespiel

Alle Mitspieler setzen oder stellen sich hintereinander im Kreis auf. Der/Die Spielleiter/in erzählt eine Geschichte (~), wobei alle auf dem Rücken der vor ihnen sitzenden Mitspieler die entsprechenden Bewegungen machen:

~ Heute gehen wir in den Tiergarten
(mit beiden Händen über den Rücken wandern).

~ Es ist ein schöner Tag und die Sonne scheint
(mit dem Finger eine Sonne aufzeichnen).

~ Gleich nach dem Eingangstor sehen wir die Affen, die fröhlich hin und her springen
(mit den Fingern auf den Rücken klopfen).

~ Die Löwen kauen an einem großen Fleischbrocken
(beidhändig die Schultern leicht kneten).

~ Seehunde rutschen über Steine ins Wasser
(mit der flachen Hand von den Schultern aus hinunterstreifen).

~ Elefanten trampeln durch das Gehege
(mit beiden Fäusten sanft auf den Rücken klopfen).

~ Bären rollen lustig hin und her
(Faust machen, mit den Fingerknöcheln kreisförmig über den Rücken fahren).

~ Ein Känguru hüpft mit weiten Sprüngen über die Wiese und trägt sein Junges im Beutel
(mit den Fingern fest auf den Rücken tupfen).

~ Langsam kriecht eine Schlange den Baum hinunter
(mit beiden Handflächen die Wirbelsäule entlang nach unten streifen).

~ Schon wird es Abend und alle gehen wieder heim
(mit beiden Händen über den Rücken wandern, zum Abschluss beide Hände ruhig auf Schultern und Rücken auflegen).

Spielvariante: Paarweise Aufstellung. Einer bespielt den Rücken des anderen, danach Wiederholung der Zoogeschichte und Rollentausch.

Tigerball

Gruppenspiel

Alle Mitspieler stellen sich im Kreis auf und rollen oder werfen sich einen Ball zu. In der Kreismitte befindet sich der Tiger (Kind), der versuchen soll, den Ball zu schnappen. Hat er es geschafft, wird der Mitspieler der neue Tiger, bei dessen Wurf der Ball geschnappt wurde.

Spielvariante: Immer zwei Kinder stellen sich gegenüber auf, ein drittes steht dazwischen und versucht als Tiger den Ball zu fangen.

Welches Tier bist du?

Partnerspiel

Jedes Kind bekommt auf seinen Rücken ein farbiges Tierbild geheftet. Alle sollen möglichst rasch versuchen, das Tier der anderen zu erkennen, ohne dass aber das eigene Tierbild gesehen wird. Die Arme dürfen seitlich als Schutz weggestreckt werden.

Spielvariante: Die Arme sind vor der Brust verschränkt und die Mitspieler hüpfen mit geschlossenen Beinen bzw. ältere Kinder auf nur einem Bein.

Wo hat sich der Igel versteckt?

Suchspiel

Der/Die Spielleiter/in versteckt im Raum bzw. im Garten einen stacheligen „Igel“ (Kastanie in der Schale). Alle Kinder versuchen nun, diesen zu entdecken. Wer ihn findet, darf ihn für die anderen Mitspieler erneut verstecken.

Spielvariante: Alle Mitspieler sitzen im Kreis. Der/Die Spielleiter/in versteckt den Kastanienigel, während ein oder zwei Kinder den Raum kurz verlassen. Dann geht die Suche los. Die im Kreis sitzenden Kinder können durch Zurufen helfen, das Igelversteck ausfindig zu machen.

- Kalt bedeutet: *falsche Richtung,*
- wärmer bedeutet: *die Richtung stimmt,*
- und heiß: *hier ist das Versteck!*

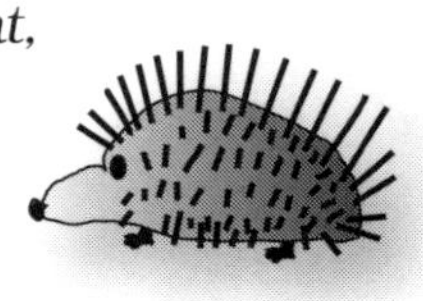

Tiere basteln im Herbst

Blätterschlange

Schablone in beliebiger Größe auf Tonpapier übertragen und am Bleistiftstrich entlang zuschneiden. Auf die Schlange mit der Klammermaschine beidseitig buntes Herbstlaub anbringen, auch die Zunge ist ein Laubblatt. Zum Schluss einen Faden zum Aufhängen daran befestigen. Die Blätterschlange ist eine überaus hübsche Raumdekoration, die sich im Luftzug dreht und für herbstliche Stimmung sorgt.

Bastelidee
Material:
Herbstlaub, Tonpapier, Bleistift, Schere, Heftklammern (Klammermaschine), Faden

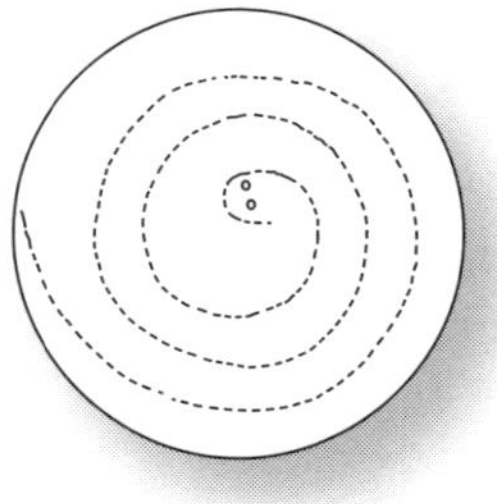

Flatternde Eule

Auf Karton eine Eule und zwei Flügel aufzeichnen (siehe Abb.). Die Teile ausschneiden, bemalen und mit einer Nadel die Löcher stechen. Die Klammern durchstecken und die Flügel mit dem Körper verbinden. Damit sich diese bewegen können, durch die Flügel eine Schnur ziehen und die beiden Schnurenden zum Schluss miteinander verknoten. Zieht man nun daran, spreizt die Eule ihre Flügel und flattert.

Bastelidee
Material:
Zeichenkarton, Malfarben, 2 Kuvertverschlussklammern, Schnur, Nadel, Schere

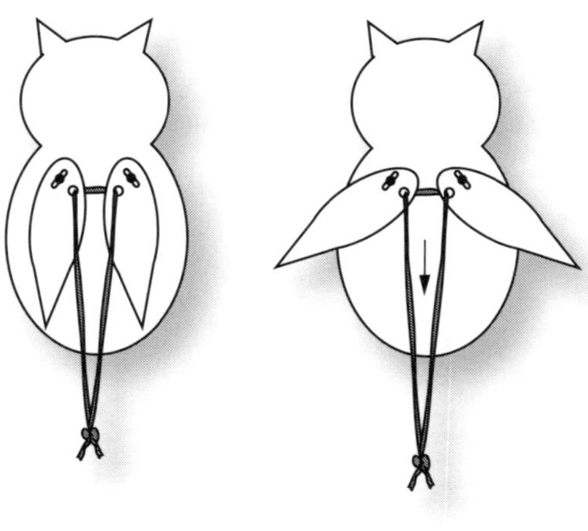

Bunte Tierbilder anfertigen

Schnecke

Kreatives Gestalten
Material: *Zeichenblatt, Bleistift, Malfarben*

Mit Bleistift auf dem Zeichenblatt eine Schnecke mit Schneckenhaus darstellen. Mit der Fingerkuppe in beliebige Farbe tauchen und an der Bleistiftspur entlang Farbtupfen anbringen. Der Fingerdruck ist für die Kinder besonders faszinierend und auch bereits von jüngeren Kindern nachvollziehbar.

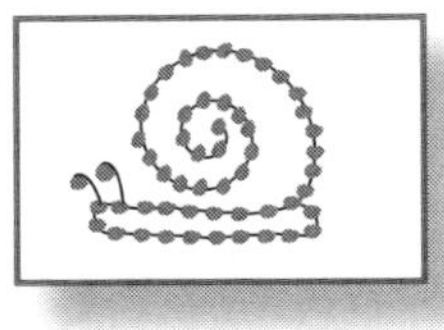

Katze

Kreatives Gestalten
Material: *Zeichenkarton, Wollfaden, Klebstoff*

Mit Klebstoff die Umrisse einer Katze zeichnen und darauf einen Wollfaden festkleben. Katze beliebig mit Wolle ausgestalten.

Variante: Auch andere Tiere wie Schnecke oder Maus lassen sich in dieser Technik schön darstellen.

Igel

Kreatives Gestalten
Material: *rundes braunes Faltpapier, Zeichenblatt, Klebstoff, Bleistift, Schere, Filzstifte, gepresste Blätter*

Rundes Faltpapier halbieren, Umrisse des Igels mit Bleistift vorzeichnen und mit der Schere die Stacheln des Igels zackig ausschneiden. Auge, Nase und Füße aufmalen. Auf ein Zeichenblatt einige gepresste Blätter kleben und den Igel darauf mit Klebstoff befestigen.

Variante: Abgebrannte Streichhölzer als Stacheln verwenden und den Igelkörper damit gestalten.

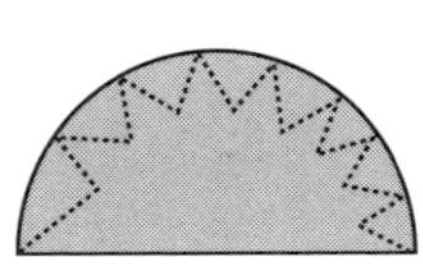

Manche Tiere wollen schlafen

Lied
Text und Musik:
Renate Steiner

2. Jetzt guckt plötzlich auch ein Näschen
   aus der Kugel schwarz hervor,
   sucht nach Früchten, sucht nach Schnecken,
   möchte fressen noch zuvor.

Hinweis: Lied mit Refrain beenden.

Puh, der kleine Bär

Gedicht/Yoga-Entspannungsübung
Renate Steiner

Ich bin Puh, der kleine Bär,
bin müde und ganz schwer.

- *Körper bewusst wahrnehmen, dabei entspannt am Boden liegen – Sprechpause*

Schwer sind meine Hinterbeine,
so schwer wie zwei große Steine.

- *ein Bein nach dem anderen langsam hochheben – Sprechpause*

Schwer sind meine beiden Tatzen,
möchte niemand damit kratzen.

- *einen Arm nach dem anderen langsam hochheben – Sprechpause*

Ach, wie ist mein Kopf so schwer,
roll' ihn langsam hin und her.

- *Kopf langsam links und rechts drehen, Nacken leicht nach vorn dehnen – Sprechpause*

Jetzt fallen mir die Augen zu,
genieße nun die angenehme Ruh!

- *Augen schließen, Atem spüren, Herzschlag wahrnehmen*

Hinweis: Nach längeren anstrengenden Aktivitäten ist es für Kinder notwendig, wieder zur Ruhe zu kommen, Müdigkeit wahrzunehmen und dies als Signal für rechtzeitige Entspannungsübungen anzuerkennen. Dadurch kann besser in den eigenen Körper hineingehorcht werden. Während der Text langsam von den Kindern gemeinsam oder von dem Spielleiter/der Spielleiterin alleine gesprochen wird, liegen alle möglichst gerade ausgestreckt auf dem Boden. Als Unterlage dient eine Wolldecke oder Matte.

Dieses Gedicht eignet sich besonders, um Kinder regelmäßig auf Ruhe- und Entspannungsphasen einzustimmen, aber auch gewisse Körpervorgänge und Empfindungen bewusst zu machen. Ziel ist es, täglich aufs Neue durch spielerische Entspannungsrituale die eigene Mitte zu finden, um aus der Ruhe wieder Kraft schöpfen zu können.

Erntezeit – Danksagung an die Natur

Die Ähren im Korb

Geschichte
Franz Steiner

Im Kinderzimmer steht ein Körbchen, das von Sarah einige Tage zuvor im Kindergarten gebastelt wurde. Es ist liebevoll gestaltet und die Sonne beleuchtet es mit ihren hellen Strahlen. Lange und kurze Getreidehalme ragen daraus hervor. Der Tisch, auf dem das Körbchen steht, ist mit einem weißen Tischtuch feierlich gedeckt.
Plötzlich schiebt sich eine lange rote Nase über den Rand des Körbchens mitten zwischen die Halme hinein. »Hat Sarah da drinnen noch etwas versteckt?«, fragt eine neugierige Stimme. Jeder kennt sie – sie gehört dem Kasper! Sofort kommt Bewegung in die vielen Spielsachen.
»Das ist sicherlich wieder eine von Sarahs vorwitzigen Ideen!« Der Hampelmann äugt misstrauisch von der Wand herunter. »Womöglich will sie uns mit den Getreidehalmen die Nasen kitzeln! Haaatschi!«, entfährt es ihm auch sogleich. Das kam aber sicherlich von den Sonnenstrahlen und nicht von Sarahs Getreidehalmen.
»Es wäre gescheiter, wenn du deine Schnapsideen für dich behalten würdest«, meint der Räuber Hoppelzopp in seiner wohlbekannten ruppigen Art. »Der Kasper wird schon herausfinden, was es für eine Bewandnis mit dem Korb hat!«
»Hast du etwas gefunden?« Der braune Teddybär zupft sogleich an dem flatternden Hosenbein des Kaspers.
Der hat seine Nase zur Gänze in den Korb gesteckt.
»Ooch, hier liegt nur ein Stück Brot mit einem Apfel!«, bedauert er.
»Sonst nichts?«, fragen die Spielsachen erstaunt. Sie haben ganz andere Schätze im Korb vermutet.
Mit einem Rascheln kommt die Nase des Kaspers wieder zum Vorschein. Er zieht seine Stirn in Falten. »Was will Sarah bloß mit dem Getreide?«, überlegt er. Dann geht er zum Fensterbrett und weckt das schlafende Räuchermännchen. »He, Räuchermännchen, weißt du, warum der Korb hier steht?«
»Wie, was?«, fährt das hölzerne Männchen ruckartig in die Höhe. Auf der Nase sitzt eine große Brille. Gescheit und

Geschichte

klug sieht es aus, wie ein Oberlehrer! »Uuaaah«, gähnt es, reibt sich die Augen und putzt sich die Ohren. Wankend und schwankend stellt es sich auf seine Holzbeine und lehnt die große Pfeife an die Wand. Mit dieser war es nämlich eingeschlafen. »Was ist heute für ein Tag?«, fragt es ganz verschlafen die Spielsachen.
»Sonntag«, schallt es zurück.
»Seht ihr die Ähren in dem Korb?«, fragt das Räuchermännchen hellwach geworden.
»Ja«, schallt es abermals geschlossen zurück.
»Und das Brot und den Apfel?«
»Das wissen wir doch längst«, wirft kreischend die kleine Stoffhexe ein. Sie hat keine Geduld mit den verwirrenden Fragen eines Oberlehrertyps!
»Nun komm schon, sag uns, was du weißt!«, treibt auch die Quakente das Räuchermännchen an. »Aber mach's kurz!«
»Also gut, ich sag es euch!«, meint das Räuchermännchen brummig. Es hätte so gerne alles ganz, ganz ausführlich geschildert! »In der Kirche wird heute das Erntedankfest gefeiert«, verrät es. »Sarah und Lukas sind bereits mit den Eltern dorthin unterwegs. Habt ihr das heutige Fest denn überhaupt nicht mitbekommen?«
»Jetzt geht mir ein Licht auf!« Der Kasper deutet in den Korb. »Das Brot und der Apfel liegen darin, damit die Gaben der Natur geachtet werden!«
»Sarah hat den Korb hierher gestellt«, weiß das Räuchermännchen weiter zu berichten, »damit alle von dem Brot kosten können, auch die Großeltern, wenn sie zu Besuch kommen. Sarah hat das Brot im Kindergarten selbst gebacken!« Bedeutungsvoll rückt es seine Brille auf der Nase zurecht. »Habt ihr denn alles verschlafen?«
Dann berichtet es von Roggen, Gerste und Weizen und von anderen Getreidesorten, deren Körner zu Mehl gemahlen werden, woraus man später Brot backt. Und davon, dass die Bauern, die den Boden bestellen, wunderschöne Erntedankkronen flechten, um am Erntedankfest Gott für die gute Ernte und die fruchtbare Natur auf ihrem Land dementsprechend zu danken.
Lange Zeit raschelt und rumort es rund um den Korb herum. Als Sarah und Lukas nach Hause kommen, stellt Lukas

Geschichte

überrascht fest, dass von dem Brot ein ganzes Stück fehlt. »Hat Vati von dem Brot gekostet?«, fragt er Sarah. Rund um den Korb und zwischen den Spielsachen liegen einige Brotkrumen.
»Ich weiß nicht. Vielleicht war es Mutti, die wissen wollte, ob ich gut gebacken habe!«, antwortet Sarah. Dann stürmen sie die Treppe hinunter.
Niemand bemerkt, wie die kleine Stoffhexe eifrig mit ihrem Besen die Brotkrümelchen vom Tisch fegt und der Räuber Hoppelzopp den letzten Bissen herunterschlingt! Dass den Spielsachen Sarahs Brot so gut schmeckt, brauchen die Kinder ja nicht gleich zu wissen, oder?

Festuhr

Wandbild
Material:
Zeichenkarton, runder Teller, Reißnagel, Korken, Bleistift, Filzstifte, Lineal, Schere

Teller mit der Vorderseite auf den Karton legen und mit Bleistift am Rand entlang nachziehen. Den Kreis ausschneiden, diesen laut Abb. in einzelne Felder unterteilen. In die Felder die Namen der wichtigsten Feste des Kirchenjahres eintragen und mit dazu passenden kleinen symbolischen Zeichnungen die Festuhr verschönern.
Zur Größe der Uhr passend aus Karton einen Zeiger anfertigen, diesen in der Kreismitte mit einem Reißnagel festhalten. Die Nagelspitze zum Schutz in einen Korken schieben. Anschließend für die Festuhr einen gut sichtbaren Platz zum Aufhängen oder Hinlegen auswählen.

Hinweis: Die Uhr dient das Jahr über zur Orientierung und zeigt den Kindern deutlich an, dass im Jahreskreis viele verschiedene Festtage folgen. Jedes Fest hat seine Besonderheit und vermittelt unter anderem sinnvolle Lebensweisheiten. Somit sind Feste auch Lebensbrücken, die helfen, die Verbindung des Alltags mit dem religiösen Leben besser zu verstehen.

1 = ERNTEDANK
2 = ALLERHEILIGEN/ALLERSEELEN
3 = ST. MARTIN
4 = ST. NIKOLAUS
5 = ADVENT/WEIHNACHTEN
6 = FASCHING
7 = FASTENZEIT
8 = PALMSONNTAG/KARWOCHE/OSTERN
9 = PFINGSTEN

Mit allen Sinnen die Erntezeit erleben

Wissenswertes

Mit allen Sinnen die Natur erleben, sie bestaunen, selbst darin eingebunden sein und dafür danken steht im Mittelpunkt dieses Abschnitts, in dem sich die Kinder der Schöpfung Gottes zuwenden. Dies beinhaltet, Situationen des täglichen Lebens zu nutzen, Zeit zu haben, um das Kleine wieder zu entdecken, aber auch gezielte Impulse zu setzen, damit Kinder grundlegende Kräfte religiösen Verhaltens erfahren dürfen. Bitten, Staunen, Ehrfurcht zeigen, Lobpreisen und Dank sagen sind wesentliche Elemente.

Naturereignisse verarbeiten

Negatives/ Positives gegenüberstellen

Falls eine Region durch Überschwemmungen, lange Trockenheit oder Hagel große Schäden bei der Ernte erleidet (z.T. bis hin zu völligem Ernteausfall!), sollte das Erntedankfest gemeinsam mit den Kindern neu überdacht werden, um dem Fest nach wie vor positive Ansätze abzugewinnen. Verschiedene Gedanken können von den Erwachsenen eingebracht werden und zu Diskussionen anregen:

- *Wie verhält man sich bei solchen Ereignissen?*
- *Wie gehen die Geschädigten mit solchen Ereignissen um?*
- *Gebührt den Menschen Dank, die während und nach der Flut geholfen haben (Feuerwehr, Rotes Kreuz, Bundesheer usw.)?*

Der Erntedanktisch ist dann weniger reich gedeckt mit Obst und Gemüse, sondern zeigt den Kindern durch bedeutsame Utensilien (Feuerwehrhelme, Kübel mit Gummihandschuhen, Bild eines tröstenden Menschen, Spielgeld vom Kaufmannsladen, ...), wofür man auch in einer Notsituation bzw. schwierigen Zeit dennoch dankbar sein darf. Daraus könnte auch ein »Miteinander-Fest« abgeleitet werden, in das verschiedene Institutionen mit eingebunden sind. Schwerpunktstationen, die in das Fest spielerisch mit eingebaut werden (Rotes Kreuz, Feuerwehr, Caritas, Arzt, Pfarrei, Gemeinde usw.) ermöglichen den Kindern eventuell eine intensive Aufarbeitungsmöglichkeit.

Anregungen für die Kräfteschulung

Hinaus in die Natur

Kornfelder aufsuchen, ausgedehnte Waldspaziergänge unternehmen, an Bächen verweilen, Gemüse- und Blumenbeete anlegen, Obstbäume beobachten, Waldmeditation erleben usw.

Körper-Seele-Geist

Naturmeditation

Dabei stehen einzelne Dinge aus der Natur (Apfel, Kartoffel, Nuss, Erde, Ähre, Wasser, ...) jeweils im Mittelpunkt einer Wahrnehmungsübung. Die Kinder sitzen im Kreis und haben die Augen geschlossen. Der/Die Spielleiter/in legt jedem Kind z.B. einen Apfel in die Hand: Wie riecht der Apfel? Wie fühlt sich die Schale an? Wie ist sein Geschmack? Stellt euch den Apfelbaum vor, an dem er gehangen hat! Was möchte der Apfel uns sagen? Die Kinder dürfen anschließend ihre Gedanken und Eindrücke untereinander austauschen bzw. ein Bild malen.

Vertiefende Übung

Vergrößerungsglas

Samen und Samenhüllen (Kastanien, Erbsen, Bucheckern, verschiedene Nüsse, ...) mit Lupe oder Vergrößerungsglas betrachten. Wer findet zu einer Schale den richtigen Kern?

Beachten und Betrachten

Getreidekörner mahlen

Verschiedene Ähren kennen und unterscheiden lernen, mit Lupe vergrößert ansehen, Körner zwischen zwei Steinen zermahlen und das Mehl auf einen Teller sieben.

Bezug zu Naturprodukten herstellen

Erntetisch decken

Obst, Gemüse, Brot, und Wasserkrug festlich auf einem Tisch anrichten, mit bunten Herbstblättern und Blumen schmücken. Ein gemeinsames Erntedankessen mit einem kleinen Bauernbüffet rundet das Fest ab.

Festvorbereitungen treffen

Leckeres Festessen kalt zubereitet

Gefüllte Äpfel

Vollwertrezept
Zutaten:
1 Apfel, 1 Karotte, 1 Dattel, 2–3 EL Weizenkörner, 1 TL Zitronensaft, 1 EL Honig, Sesam

Die Weizenkörner zwei Tage in reichlich kaltem Wasser quellen lassen. Vom gewaschenen Apfel den »Deckel« abschneiden, das Kerngehäuse mit einem Ausstecher entfernen, das Innere vorsichtig aushöhlen. Die gewaschene Karotte raspeln, mit dem Fruchtfleisch des Apfels, Honig, Zitronensaft, fein gehackter Dattel, Sesam und den gequollenen Weizenkörnern vermengen. In den ausgehöhlten Apfel füllen.
Die gefüllten Äpfel schmecken nicht nur wunderbar, sondern erhöhen auch im Herbst die Vitalität!

Zwetschgen-Feigen-Brotaufstrich

Vollwertrezept
Zutaten:
3 ungeschwefelte gedörrte Zwetschgen, 3 gedörrte Feigen, 3 EL gemahlene Haselnüsse, 1 Prise gemahlener Zimt

Die Trockenfrüchte mit Wasser bedeckt über Nacht einweichen. Die gequollenen Früchte mit etwas Einweichwasser im Mixer pürieren, danach die Nüsse hinzufügen. Die Masse mit Zimt abschmecken und als süßen Aufstrich für Milchbrot, Striezel oder Vollkorngebäck servieren.
Der Aufstrich schmeckt süß und ist trotzdem gesund!

Birnenigel

Vollwertrezept
Zutaten:
Birnen, Mandelstifte, Gewürznelken

Birnen schälen, halbieren und kurz in Wasser weich kochen. Kompottbirnenhälften mit der flachen Seite nach unten auf einen Teller legen. Zwei Gewürznelken als Augen auf die schmale Seite der Birne stecken. Auf der breiteren Seite Mandelstifte als Igelstachel rundum verteilt hineinschieben.
Guten Appetit!

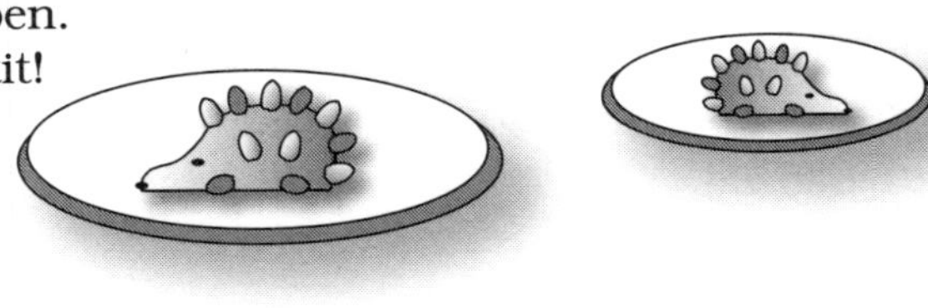

Warm zubereitete Festspeisen

Möhrentorte

Eiweiß mit Wasser steif schlagen, Zucker langsam beigeben, Eigelb unterrühren. Danach Möhren, Nüsse und Backpulver unter die Masse heben. Den Biskuitteig in eine gefettete, gebröselte Form füllen und bei ca. 180° etwa 60 Minuten backen. Torte eventuell mit Marmelade füllen und mit Sahne verzieren.
Eine köstliche Torte für besondere Feste!

Vollwertrezept
<u>Zutaten:</u>
250 g fein geriebene Möhren, 250 g fein geriebene Haselnüsse, 4 Eier, 3 EL Wasser, 200 g Rohzucker, 1 P. Backpulver, Sahne, evtl. Marmelade

Früchte-Hirseauflauf

Hirse in gesalzenem Wasser einkochen. Wenn das Wasser verkocht ist, mit Milch aufgießen und Hirse darin weich kochen. 1/3 der Hirse in eine gefettete Auflaufform füllen, die Hälfte der blättrig geschnittenen Äpfel mit Zimt und Hirse bedecken. Nun die zweite Hälfte Äpfel darauf verteilen und mit der restlichen Hirse abdecken. Mit Eiermilch übergießen, einige Butterflocken darauf verteilen und im Backofen bei ca. 200° gut 60 Minuten backen.
Eine warme Mehlspeise für kühle Herbsttage!

Vollwertrezept
<u>Zutaten:</u>
200 g Hirse, ½ TL Salz, ½ l Wasser, ca. 3 EL Honig, Zitronenschale, ½ kg Äpfel (Birnen, Zwetschgen), 80 g ungeschwefelte Rosinen, Zimt
Für die Eiermilch: 1/8 l Milch, 1–2 Eier, evtl. etwas Honig, 50 g Butter

Stockbrot

Alle Zutaten in eine Schüssel geben und zu einem Teig verarbeiten. Längere Weidenstöcke, die man in das offene Feuer halten kann, oder Grillspieße an der Spitze mit etwas Teig umwickeln und unter ständigem Drehen über die Glut der Feuerstelle halten. Um das fertig gebackene Brot kann eventuell eine weitere Teigschicht gewickelt werden, so wird das Brot zunehmend größer.
Eine besondere Köstlichkeit für ein herbstliches Lagerfeuer im Freien. Stockbrot kann aber auch als Fladenbrot in einer heißen Pfanne gebacken werden (etwa 5 bis 10 Minuten beidseitig).

Vollwertrezept
<u>Zutaten:</u>
½ kg frisch gemahlenes Mehl, 1 EL Backpulver, 1 TL Salz, ¼ l Wasser

Brauchtum zum Erntedankfest

Wissenswertes

Mit Beginn der Herbstzeit wird auch das Erntedankfest in den Kirchen und Gemeinden gefeiert, meist am ersten Sonntag im Oktober. Liturgisch ist dieses Fest nicht bekannt, daher gibt es auch kein festes Datum.
Die Menschen möchten Gott für den Ertrag aus der Natur – für das Getreide, das Obst und Gemüse, aber auch andere Produkte aus der Landwirtschaft – ihren Dank aussprechen. Mancherorts werden kunstvolle, von den Bäuerinnen und Bauern gestaltete Erntedankkronen in den Kirchen aufgestellt und anschließend gesegnet, um Gott für die reiche Ernte zu loben und zu preisen.
Ein schönes, sinnvolles Ritual ist das tägliche Tischgebet. Es ist ein Zeichen der Dankbarkeit, beinhaltet aber auch das Bewusstsein, dass Wasser und Nahrung auf der Welt keine Selbstverständlichkeit sind und wir mit den Ressourcen sorgsam umzugehen haben.

Ich freue mich auf das Essen

Tischgebet
Renate Steiner

Lieber Gott, ich freue mich auf das gute Essen
und danke dir dafür.
Lass alle Menschen genügend Wasser und Brot finden.
Amen.

Hunger in der Welt

Bildmeditation
Renate Steiner

Kind, warum weinst du?
Weinst du aus Hunger?
Warum bist du so weit weg von mir?
Kind, dir möchte ich helfen!
Kind, mit dir werde ich teilen!
Dann bin ich ganz nah bei dir
und wir essen vom selben Brot!

Anleitung: Zum Text passend ein Bild auswählen (aus Zeitschrift, Kalender ...) und dieses auf den Tisch legen. Dazu eine brennende Kerze stellen. Nun folgt eine Schweigeminute. Gemeinsam überlegen, wie man anderen helfen kann.

Festlicher Erntedankschmuck

Verzierte Kerze

Kreatives Gestalten
<u>*Material:*</u>
dicke weiße Kerze, Knetwachsplatten, Bleistift, Schere

Getreideähren, Äpfel, Birnen, Zwetschgen, Blätter usw. mit Bleistift auf die Wachsplatten vorzeichnen, ausschneiden und auf der Kerze festdrücken. Auch Weintrauben, die man aus gerollten Wachskugeln formt, eignen sich gut zum Verzieren.

Weiterführende Idee: Nach dem Fest schmückt die Kerze täglich den Esstisch. Zu den gemeinsamen Mahlzeiten die Kerze anzünden und dazu ein Tischgebet sprechen oder ein Danklied singen.

Wand-/Tischgesteck aus Ähren

Kreatives Gestalten
<u>*Material:*</u>
beliebige Getreidehalme, breites Zierband

Die Getreidehalme zusammenraffen und die Ähren hübsch herrichten. Mit einem Zierband festbinden und mit einer Schleife festlich schmücken. Das Gesteck beliebig groß gestalten und je nach Wunsch in eine Vase stecken, als Zierde auf den Tisch legen oder bei der Eingangstür anbringen. Darüber hinaus sind Ähren ein besonders festlicher Schmuck auch für ein Kreuz, das an der Wand hängt.

Hinweis: Das Gesteck ist über einen langen Zeitraum gut haltbar und benötigt kein Wasser.

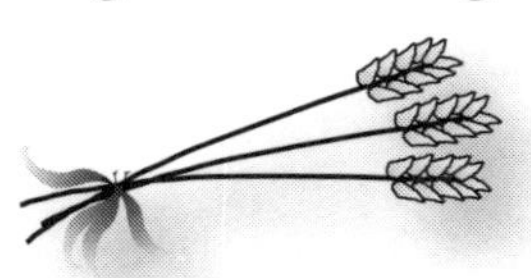

Früchte als Raumdekoration

Bastelidee
<u>*Material:*</u>
weißer Zeichenkarton, Buntpapier, Klebstoff, Schere, Faden

Die gewünschten Früchte (Apfel, Birne, Zwetschge, Weintraube) aufzeichnen, ausschneiden und mit kleinen gerissenen Buntpapierstückchen beidseitig bekleben. Die einzelnen Früchte an einem Faden festbinden und als Mobile oder Fensterschmuck aufhängen. An einem Ast mit Blätterlaub, den man an der Zimmerdecke festmacht, kommen sie besonders gut zur Geltung.

Weiterführende Idee: Die Früchte können auch bemalt oder mit zerknülltem Seidenpapier beklebt werden.

Das Jahr zieht durch das Land

Jahreskreisspiel
Renate Steiner

• *Text/Frühling:*
Die Pflanzen sind meist hellgrün und noch ganz zart.
Knospen, Blätter, Blumen,
alles wächst auf seine eigene Art.

• *Text/Sommer:*
Das Obst reift, wenn die Sonne vom Himmel lacht.
Zum Gießen der Felder
hat Gott den Regen gemacht.

• *Text/Herbst:*
Nun feiern wir das Erntedankfest.
Wir sind dankbar dafür,
dass Gott auf der Erde so viel Gutes wachsen lässt.

• *Text/Winter:*
Etliche Pflanzen und Tiere brauchen jetzt Ruh.
Schneeflocken tanzen hernieder
und decken die Erde zu.

• *Text/Abschluss des Jahreskreisspiels:*
So zieht das Jahr durch das Land,
wie schön ist unsere Welt!
Lieber Gott, halte schützend über uns
deine barmherzige Hand!

Spielimpuls: Auf dem Boden mit vier bunten Tüchern (grün, gelb, braun und weiß) ein Jahreskreisbild um eine Kerze herum darstellen. Die Tücher symbolisieren die vier Jahreszeiten. Zum Text, der von ausgewählten Kindern in verteilten Rollen gesprochen wird, schmücken andere Kinder während des Spiels die Tücher mit Lege- und Naturmaterial fantasievoll aus. Zum Abschluss bilden alle einen Kreis mit Händereichen, dabei im Schritttempo gehen.

Bei Textpassage »Lieber Gott«
- *bleiben alle stehen,*

bei Textpassage »halte schützend über uns ...«
- *die Arme zum Himmel emporstrecken.*

Danken woll'n wir für die Gaben

Erntetanz
Text und Musik:
Renate Steiner

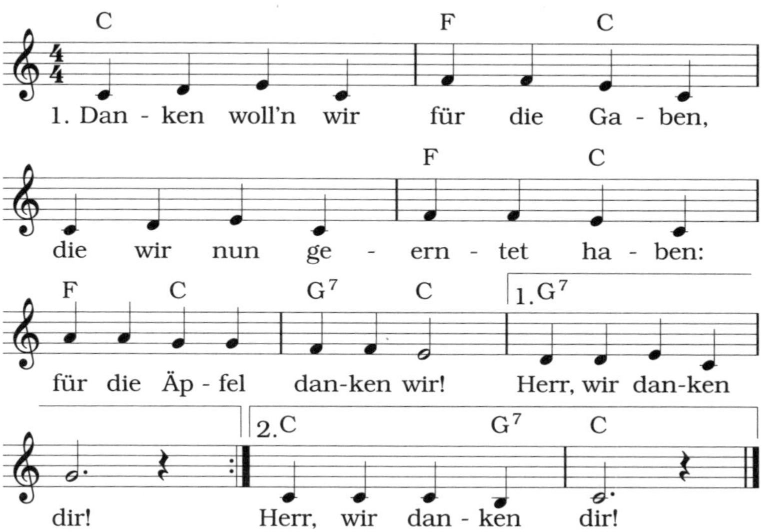

2. Danken woll'n wir für die Gaben,
   die wir nun geerntet haben:
   für die Birnen danken wir!
   Herr, wir danken dir!
3. … für die Trauben (Pflaumen, Nüsse, Ähren, Blumen …)

Tanzform:

»Danken woll'n wir für die Gaben,
die wir nun geerntet haben«
Kinder gehen langsam im Kreis um eine Kerze herum, jedes hält eine beliebige Frucht in den Händen;

»für die Äpfel danken wir«
Kinder, die einen Apfel (Birne, Trauben, Pflaumen, Nüsse, Ähren, Blumen) tragen, halten ihre Frucht in die Höhe und drehen sich dabei einmal langsam im Kreis, alle übrigen Kinder bleiben stehen;

»Herr, wir danken dir«
alle Tanzenden verneigen sich zur Kreismitte hin (zu einer angezündeten Erntedank-Kerze).

Lob, Preis und Dank

Erntedank

Gedicht
Renate Steiner

Bäume tragen bunte Blätter,
der Herbst zieht nun ins Land,
es bringt der Wind uns kühles Wetter,
wir feiern Erntedank!

Wir bringen dir unsere Gaben
mit Freude zum Altar.
Danke, Gott, für alles was wir haben.
Ist die Natur nicht wunderbar?

Zeit haben

Gebet
Renate Steiner

Ich brauche Zeit,
um die Blumen zu riechen –
um die Vögel zu hören –
um die Baumrinde zu fühlen –
um die Früchte schmecken zu können.

Ich möchte immer Zeit haben,
um die Fülle der Welt zu bestaunen!
Herr, für mich ist es nun an der Zeit –
dir zu danken.
Amen.

Hoffen

Gebet
Renate Steiner

Lieber Gott,
du bist den Menschen nahe.
Wir hoffen,
dass daraus auch
in den Menschenherzen
viel Gutes wächst,
so wie wir in der Natur
die Fülle erleben dürfen.
Amen.

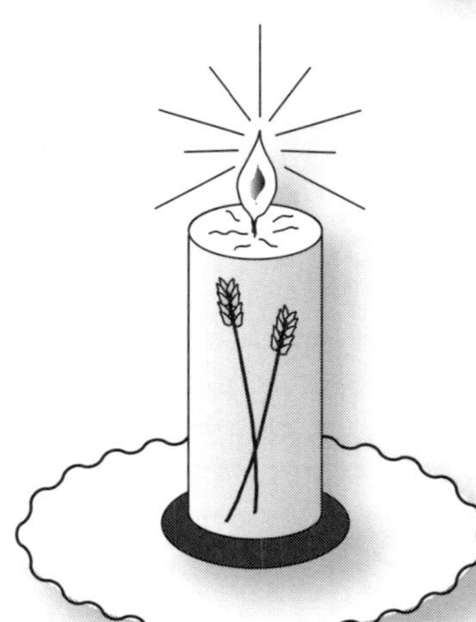

Schaurig schöne Kürbiszeit

Zwei glühende Augen

Geschichte
Franz Steiner

Tief im Wald, umgeben von Laub und allerlei raschelnden Ästen, haust eine alte verwilderte Hexe. Sie hat einen besonderen Namen. Sie nennt sich »die hässliche Waldhexe«, wegen der großen dicken Warze auf ihrer Nase. Ihre Freunde nennen sie manchmal auch »Nudelhexe«, weil sie ihr flammend rotes Haar in wilden Spiralen auf dem Kopf trägt, durcheinander gewutzelt wie Spagetti. Sie ist so ziemlich die hässlichste Hexe, die jemals einer gesehen hat. Huuu – da fürchtet sich hin und wieder selbst der Rabe, den sie als Gehilfen für ihre unberechenbaren Hexereien auserkoren hat!

Schwarz ist er, kohlrabenschwarz. Leider hat ihm die Hexe nie das Zaubern beigebracht, das hat sie sich selber vorbehalten. Ansonsten wäre er ohnedies längst schon auf und davon geflogen. »Rabibatz« heißt der schlimme Flitzer am Zauberhimmel! Er ist berühmt für seine glühenden Äuglein. Die funkeln zu jeder Tages- und Nachtzeit und leuchten wie zwei glänzende Smaragde in der dunkelsten Nacht.

»Ja, ja, der verflixte Schlingel –
ist der schwärzeste Vogel am Hexenhimmel!«,

sind sich alle Erdgeister und Fantasiegestalten im Wald einig. Zu seinem Pech hat der Rabe allerdings einen viel zu vorlauten Schnabel, als dass er bei der Hexe – so mir nichts, dir nichts – ungeschoren davonkäme. Den reißt er ständig sperrangelweit auf!

»Krah-krah-krah – der Rabibatz ist da«,

krächzt er tagsüber lautstark in der Gegend herum. »Halt den Schnabel!«, ruft die Hexe dann aufgebracht. Doch »Krah-krah-krah«, geht das Gekrächze weiter über Wald und Flur und lässt Menschen und Tiere aufhorchen. »Ist da irgendwo eine Hexe in der Nähe?«, fragen sich alle jedes Mal besorgt.

Dieser unnötige Krach gefällt der Hexe aber überhaupt nicht. Leider nimmt der Vogel keine Rücksicht darauf. Wo doch jeder weiß, dass Waldhexen keinesfalls gerne

Geschichte

entdeckt werden wollen und am liebsten ihre Ruhe haben! Rabumm – ach wie dumm – verzaubert sie ihn sofort in einen Fisch und er ist stumm. Aber irgendwie hat die Hexe das schwarze Federvieh wohl doch ins Herz geschlossen, denn sie verwandelt ihn meistens gleich wieder zurück. Krawumm, macht es dann und Bumm!

Jetzt sitzt der Rabe Rabibatz im Geäst eines Baumes und tut ganz unschuldig! Dabei beobachtet er neugierig das Geschehen im Wald. «Nanu, was treibt die Hexe denn da?«, verdreht er eifrig sein Köpfchen. Die Hexe schleppt nämlich gerade einen gestohlenen Kürbis über den laubbedeckten Boden herbei und rollt ihn unter Aufbietung aller Kräfte über die Türschwelle ihrer armseligen Behausung. Das ist ihre Hexenhütte. Im Befehlston, wie immer, ruft sie den Raben zu sich:

»Rabibatz – komm herbei, du faules Ei!«

Dann beginnt sie auch noch schadenfroh ein absonderliches Liedchen zu trällern:

»Denn bald ist Halloween –
dann stecken glühende Äuglein im Kürbis drin!«

Der Rabe stutzt. Das sind höchst verdächtige Reime, und das Ganze hört sich an, als würde eine Säge ritsche-ratsche über seinen Schnabel wetzen. Irgendwie ahnt er bereits, dass die Hexe etwas ganz Schlimmes ausbrütet. Aber er ist einfach zu neugierig und kann es nicht lassen, sich sofort in die Lüfte zu erheben.

»Krah-krah-krah – der Rabibatz ist da!«,

krächzt er munter seinen Krähenspruch aus dem Baum und segelt mit schwarzen Schwingen zur Hexe hinunter, getrieben von unstillbarer Neugier.

Die Hexe reibt sich kichernd die Hände. Sie weiß genau, was sie vorhat. Unversehens hockt sie sich mit ihrem dicken Hinterteil direkt auf den Kürbis.

»O weh, hoffentlich wird der nicht zerquetscht wie ein Ei«, denkt sich der Rabe. »Dann kannst du Kürbissuppe daraus machen!«, krächzt er übermütig. Listig funkeln seine Äuglein durch den halbdunklen Raum. Staub rieselt vom Dach, Blätter liegen verstreut auf dem Boden, da ein Kästchen, dort ein kaputter Tisch und überall Unordnung, wohin das Auge reicht. Die Hexe jedoch stört das nicht.

Sie arbeitet wie besessen an einem neuen Zauberspruch:

»Gleich steckt der Rabe – in vollem Fleiße
mitten in der Schei ..! – Hohoho – mitten drin,
denn es ist Halloween!«

Dazu tanzt sie mit ihrem Besen in der Hütte herum. »In einigen Tagen werden hohle Kürbisse mit glühenden Augen vor die Türen der Menschen gestellt«, erklärt sie kreischend dem erstaunten Federvieh. »Solche ausgefallenen Feste liebe ich! Zu Halloween ziehen die Menschen als Feen und Gespenster verkleidet von Haus zu Haus, um Gaben für die Geister und Verstorbenen zu erbetteln. Nun, da werde ich dieses Jahr kräftig mitmischen! Als Kind verkleidet, versteht sich«, kichert sie hinterhältig. So eine durchtriebene Hexe! Und sie schlägt sich vor Schadenfreude auf die Knie und setzt sich erneut auf den Kürbis. »O nein, das darf doch nicht sein«, befällt den Raben eine furchtbare Ahnung. Da fährt schon ein Blitz durch die wacklige Hütte, und nur noch eine einzelne schwarze Feder segelt lautlos zu Boden. Unter dem Hinterteil der Hexe beginnt der Kürbis zu zittern, und zwei glühende Äuglein blicken verwundert zwischen ihren Füßen hindurch in den Raum.

Geschichte

Schnell springt die Hexe auf und macht sich mit dem leuchtenden Kürbis auf den Weg zum Fest. Ihren Besen zwischen die Füße geklemmt, reitet sie wie von allen guten Geistern verlassen durch die Lüfte. Den Kürbis jedoch umgibt ein gespenstisches Flattern und Beben, als würden zwei Raben auf einmal darin sitzen und mit der Hexe um ihre Freiheit kämpfen.

Und so kommt es, dass dieses Jahr zu Halloween niemand weiß, in welchem Kürbis der freche Rabibatz sitzt und ob die leuchtenden Augen nicht tatsächlich die beiden glühenden Äuglein dieses Unglücksraben sind! Also aufgepasst, denn der Zauber hält ausnahmsweise ziemlich lange an und man sollte besonders auf jene Kinder achten, die einen übergroßen Kürbis mit sich schleppen und eine Warze auf der Nase haben. Womöglich befindet sich gar noch ein Zauberbesen in greifbarer Nähe.

Dann wird es besonders gefährlich, denn immerhin: Halloween ist Halloween!

Krah, krah, krah

Lied
Text und Musik:
Renate Steiner

2. Seine Augen funkeln, oft auch im Dunkeln,
krah, krah, krah, der Rabibatz ist da!

3. Würmer frisst er gerne, fliegt in die Ferne,
krah, krah, krah, der Rabibatz ist da!

Wer folgt dem Lockvogel?

Partnerspiel

Ein Kind spielt den Lockvogel und krächzt wie ein Rabe. Der Spielpartner schließt seine Augen (oder die Augen verbinden). Der Lockvogel geht nun im Raum oder auf der Wiese umher und soll das blinde Kind führen, ohne es jedoch anzufassen. Es kann auch ein Ziel vereinbart werden, zu dem die beiden gelangen sollen. Anschließend die Rollen tauschen.

Weitere Spielvarianten:

- Das Lockgeräusch beliebig verändern, z.B. pfeifen, bellen, miauen oder Geräuschinstrumente verwenden.
- Ein Spieler ist der Lockvogel und steht auf einem festen Platz. Mehrere »blinde« Mitspieler sollen langsam aus verschiedenen Richtungen (z.B. von den vier Ecken eines Raumes) versuchen, auf ihn zuzugehen.

Der fliegende Rabe

Aus geknülltem Zeitungspapier eine Kugel für den Kopf des Vogels formen. Um diese ein großes Zeitungsblatt legen, das hinter dem Kopf als Körper zurechtgedrückt wird. Den Vogel mit Seiden- oder Krepppapier überziehen und mit einem Faden Kopf und das Körperende abbinden. Der restliche Teil bildet den Schwanz, wo das Papier fransig eingeschnitten wird. Schnabel, Augen und Flügel ausschneiden und am Körper des Raben befestigen.
Mit Hilfe eines Rundgummibandes, das man am Vogel festmacht, schwingt der Rabe auf und nieder. Ein aufgehängter Ast im Raum passt gut dazu.

Bastelidee
Material:
Zeitungspapier, schwarzes Naturpapier, schwarzes Seiden- oder Krepppapier, weißes Zeichenblatt, Bindfaden, Rundgummiband, Klebstoff, Schere

Wer warst du?

Ein schwarzer Schatten huscht vorbei,
lässt sich nieder auf dem Dach,
hebt sich wieder,
gleitet weiter bis zum Bach.
Doch dann –
verschwunden im Nu!
Wer bloß warst du?
Vor meinem Haus
fand ich eine kohlrabenschwarze
Feder!

Rätselreim
Renate Steiner

Kleines Nachtgespenst

Eine Hand voll Füllmaterial in die Mitte eines quadratischen Stofftuches legen. Die Ecken zusammenraffen und unterhalb des Füllmaterials mit einem Faden abbinden, sodass eine Kugel entsteht. Sie bildet den Kopf des kleinen Gespenstes. Mit Filzstift ein Gesicht aufzeichnen. Am Kopf ein Stück Rundgummiband befestigen, an dem man es gut festhalten kann. Das kleine Nachtgespenst schwebt und schwingt heulend durch den Raum.

Variante: Augen und Mund auf weißes Papier zeichnen, ausschneiden, das Gespenst an die Fensterscheibe kleben.

Bastelidee
Material:
weißes Baumwolltuch (ca. 20 x 20 cm), Rundgummiband, Nadel, Filzstift, Füllmaterial (Watte oder Zeitungspapier)

Kürbisse sind auf der Wiese

Lied
Text und Musik:
Renate Steiner

2. Und wir höhlen aus die Früchte,
stellen Kerzen darin auf.
In der Nacht dann alle leuchten,
freut ihr euch darauf?

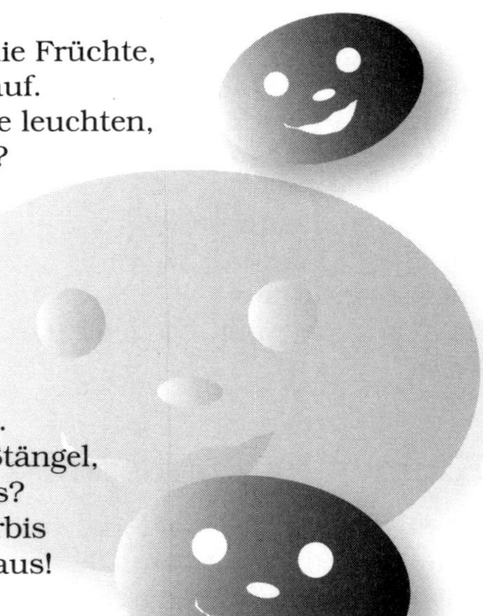

Kürbis-Gespenst

Gedicht
Renate Steiner

Aus Papier schneide ich
ein Kürbisgesicht,
mit Augen, Nase, Mund,
doch Ohren hat es nicht.
Dann kommt noch der Stängel,
sieht der nicht pfiffig aus?
Schaurig schaut der Kürbis
nachts zum Fenster hinaus!

Papierkürbis

Bastelidee
Material:
buntes Tonpapier, Bleistift, Klebstoff, Schere

Kürbisfrucht auf Tonpapier aufzeichnen und ausschneiden. Augen, Nase, Mund und Stängel auf buntem Tonpapier vorzeichnen, ausschneiden und auf den Papierkürbis kleben. Dieses Kürbisgesicht ist in der Herbstzeit eine effektvolle und einfach herzustellende Fensterdekoration.

Spiele für eine Kürbis-Party

Wer trifft den Kürbis?

Geschicklichkeitsspiel

Alle Mitspieler stellen sich mit einer Kastanie in der Hand im Kreis auf. In der Kreismitte befindet sich ein möglichst großer Kürbis. Ein Kind nach dem anderen darf nun versuchen, den Kürbis mit der Kastanie zu treffen. Dabei soll die Kastanie auf dem Boden mit Schwung weggerollt werden.

Spielvariante: Alle Mitspieler erhalten drei Kastanien. Der Reihe nach darf jedes Kind sein Glück versuchen. Hat es den Kürbis getroffen, macht es einen Schritt zurück, der Abstand zum Kürbis vergrößert sich von Mal zu Mal. Das Kind, das nach dem dritten Versuch am weitesten entfernt steht, ist der Kürbiskönig.

Fang mich

Laufspiel

Alle Mitspieler bilden einen Kreis und halten ihre Hände nach hinten. Ein Kind trägt einen kleinen Zierkürbis in der Hand und geht außen um den Kreis herum, bis es stehen bleibt und einem anderen Kind den Kürbis geschickt in die Hände legt. Dazu ruft es: »Fang mich!« und läuft blitzschnell fort. Das Kind mit dem Kürbis soll es nun fangen, bevor es sich auf dessen Platz in den Kreis gestellt hat. Das Spiel beliebig oft fortsetzen.

Kürbisstaffel

Wettspiel

Alle Mitspieler bilden zwei bis vier gleich große Gruppen. Jeweils das erste Kind der Staffel hat einen Zierkürbis in der Hand. Mit diesem um die Wette zu einem vereinbarten Ziel laufen oder rollen, danach den Kürbis dem nächsten Kind der Gruppe übergeben, bis alle Kinder an der Reihe waren. Welche Gruppe hat gewonnen?

Weiterführende Idee: Mit Hilfe von Kürbissen eine Slalomstrecke auslegen und um die Wette laufen (hüpfen, auf allen Vieren durchkriechen, ...). Die hintereinander aufgelegten Kürbisse können auch geschickt von den Kindern übersprungen werden.

Kürbisse wegrollen

Geschicklichkeitsspiel

Zuerst werden Paare gebildet, jeweils ein Kind davon liegt zusammengerollt auf einer Turnmatte (Teppich). Das ist der »große schwere Kürbis«. Ein anderes Kind versucht vorsichtig, den Kürbis von der Matte zu rollen. Ist der Versuch geglückt, erfolgt ein Rollentausch.

Gespenster klopfen an

Gruppenspiel

Alle Mitspieler stehen wie im Gänsemarsch hintereinander. Der/Die Spielleiter/in bildet den Abschluss der Reihe und klopft mit dem Finger 1, 2, 3 oder 4 Mal auf den Rücken des vor ihm stehenden Kindes. Das Kind versucht stumm mitzuzählen und gibt diese Berührung des Klopfens am Rücken in der gleichen Anzahl an seinen Vordermann weiter. Dies setzt sich fort bis zum Anfang der Reihe. Das erste Kind reiht sich danach ganz hinten an und klopft nun das Ergebnis auf den Rücken des Spielleiters. Stimmt die Anzahl der Klopfschläge noch überein? Danach beginnt eine weitere Spielrunde, der neue Spielleiter steht schon am Ende der Reihe.

»Halloween«

Wissenswertes

Am letzten Tag im Oktober ist Halloween. Das Spektakel mit den leuchtenden Kürbisgesichtern und den herumlaufenden Gespenstern ist mancherorts nicht zu übersehen. Der Ursprung des Festes geht auf die Kelten zurück. Die keltischen Druiden feierten am 31. Oktober das »Samhain«-Fest, bei dem der Sommer verabschiedet wurde und der Winter begann. Gleichzeitig feierte man das Fest des Todes und der Seelen, aus dem später das Fest der Heiligen wurde. Die englische Bezeichnung ist »All Hallows' Eve«. In der Vorstellung der keltischen Iren kam an diesem Abend der Gott des Todes auf die Erde, um die Seelen einzusammeln. Heute gehören Kürbisfratzen, Gespenster-Laternen und Gruselverkleidungen zum Erscheinungsbild von Halloween. Auch das Betteln gehen von Tür zu Tür unter dem Motto »Trick or treat – Süßes oder Saures«

gewinnt an diesem ungestümen Tag immer mehr an Bedeutung. Ursprünglich zogen bei diesem Brauch verkleidete Kinder und Erwachsene von Haus zu Haus, um Gaben für die Geister und Verstorbenen zu erbetteln. Bekamen sie nichts, führten sie unterschiedliche (nicht nur lustige!) Streiche aus.

Hinweis: Als Alternative zu einer Halloween-Party bietet sich ein Kürbisfest an, ohne dass der Spaß dabei zu kurz kommt.

Wumba hey, wumba ho

Spiellied
Text und Musik:
Renate Steiner

2. Wumba hey, wumba ho,
   wenn wir klatschen, sind wir froh,
   alle machen heute mit, klein, groß, dünn und dick.
3. Wumba hey, wumba ho,
   wenn wir hüpfen (tanzen, schnippen, patschen,
   stampfen, flüstern, schreien, malen,...) sind wir froh,
   alle machen heute mit, klein, groß, dünn und dick.

Tanzform: Zum Text passende Bewegungen darstellen. Die Begriffe »klein, groß, dünn und dick« mit den Händen andeuten. Auch das Tempo des Gesangs kann beliebig verändert werden.

Leckere Kürbisspezialitäten

Geröstete Kürbiskerne

Vollwertrezept
Zutaten:
Frische Kürbiskerne, 2 EL Öl, Salz

Kürbiskerne waschen und trocknen. Öl in eine Pfanne gießen, Kürbiskerne darin anrösten, anschließend etwas salzen. Schon ist die köstliche und überaus gesunde Knabberei fertig!

Pikanter Kürbiskernaufstrich

Vollwertrezept
Zutaten:
¼ kg Quark, 30 g Kürbiskerne, 2 EL Kürbisöl, 2 Knoblauchzehen, Salz, Pfeffer

Quark und Kürbiskernöl in einer Schüssel cremig rühren. Kürbiskerne grob hacken, Knoblauchzehen zerdrücken und unter die Masse rühren. Mit Salz und Pfeffer abschmecken. Auf knuspriges Vollkornbrot streichen, zum Garnieren Kürbiskerne darauf verteilen.

Feine Kürbiscremesuppe

Vollwertrezept
Zutaten:
1 Speisekürbis, 2 Kartoffeln, 1 Becher süße Sahne, ½ saure Sahne, Salz, Pfeffer, Kürbiskernöl

Kürbis schälen, Kerne entfernen, Fruchtfleisch in kleine Stücke schneiden. Kartoffeln schälen und kleinwürfelig schneiden, gemeinsam mit dem Kürbisfleisch in Wasser kochen. Danach pürieren. Süße und saure Sahne hinzufügen, mit Wasser aufgießen, etwas salzen und pfeffern. Zum Verfeinern einen Spritzer Kürbiskernöl auf die Suppe geben und eventuell mit einem Sahnehäubchen servieren.

Kürbiskompott

Vollwertrezept
Zutaten:
1 Speisekürbis, 1 Zitrone, ca. 4 EL Rohrzucker, 2 Gewürznelken

Kürbis schälen, Kerne entfernen, Fruchtfleisch in kleine Stücke schneiden. In Wasser kurz aufkochen, den Saft einer Zitrone und Gewürznelken beigeben und mit Rohrzucker süßen.

Weiterführende Idee: Höhlt man den Kürbis aus und sticht Löcher hinein, hat man gleichzeitig eine schöne Laterne, die stimmungsvoll am Abend den Hauseingang schmückt.

Allerheiligen – Allerseelen – der Toten gedenken

Das Rauschen in den Bäumen

Geschichte
Franz Steiner

Omi geht vorsichtig den schmalen Fußweg voran durch den Wald. Der Weg führt in Serpentinen einen Hügel hinauf zum Friedhof. Sarah und Lukas folgen ihr, am Schluss kommt Opa. Die Großeltern müssen aufpassen, um nicht auf vereinzelten nassen Steinen oder Baumwurzeln auszurutschen.
Vor dem Friedhofstor bleibt Omi schwer atmend stehen und deutet auf einige Sträucher. »Seht ihr die wunderschönen braunen Blätter?« Sarah und Lukas wären beinahe achtlos daran vorbeimarschiert.
Auch Opa fragt, leicht außer Atem geraten: »Warum rennt ihr so? Hört ihr nicht die Stimmen der Natur? Die laden doch zum Verweilen ein!«
Sarah und Lukas bleiben stehen und lauschen. »Aber da ist doch nur das Rauschen in den Bäumen«, meint Sarah.
»Ja, hörst du denn nicht die Blätter flüstern?«, entgegnet Opa geheimnisvoll.
»Ich höre nur das Geschnatter von Sarah«, kichert Lukas.
Aber sein Großvater horcht mittlerweile mit geschlossenen Augen hingebungsvoll den Geräuschen der Umgebung nach. Alles ist still. Selbst Sarah verschlägt es die Sprache. »Was sagen denn die Blätter?«, platzt es ungeduldig aus Lukas heraus.
Opa schweigt, dann zieht er tief und bedächtig die Luft ein. »Hmm«, meint er, »wie gut das riecht!« Plötzlich flüstert er Lukas ins Ohr: »Die Blätter finden, dass der Herbst die schönste Jahreszeit ist!«
Sarah tut es nun ganz dem Opa nach. Sie schließt die Augen und lauscht. Irgendwie liegt eine wundervolle Stimmung über dem Ganzen.
»Das Blatt wird zu Boden fallen und sterben«, erklärt Opa mit weicher Stimme.
»So wie wir Menschen alle sterben müssen«, flüstert Omi.
Sarahs Großeltern reden gerne über das Leben, manchmal auch über den Tod und häufig darüber, wie unglaublich schnell die Jahre in ihrem Leben vorbeigezogen sind.

Geschichte

Oma weiß, dass sie eines Tages von dieser Welt Abschied nehmen muss, ebenso wie Opa. Wie irgendwann auch die Eltern von Lukas und Sarah. Und wie hoffentlich erst viel später die beiden selbst. Aber neues Leben blüht stets rundherum, und wenn sie erwachsen geworden sind, werden Sarah und Lukas vielleicht selber Kinder haben und auch einmal Großeltern sein.
»Die Bäume werden im Frühjahr neue Knospen tragen – das ist der Kreislauf der Natur!«, wirft Opa ein. »Dann wachsen wunderschöne Blätter daraus, wie eben jetzt!« Lukas greift nach einem Blatt in den Zweigen, es löst sich wie von selbst. »Ade, schönes Blatt, nächstes Jahr wird ein neues statt deiner am Baum hängen!«, ruft Sarah.
Das Blatt fällt auf einen Maulwurfshügel, der Waldboden ist bereits mit verschiedenfarbigem Laub übersät.
»Da – ein Igel!«, ruft plötzlich Lukas. Ein schwarzes Näschen und zwei schwarze Äuglein kommen raschelnd unter einem Haufen Laub zum Vorschein. Lukas möchte den lustig herumschnuppernden Igel sogleich an der Nase streicheln, aber da rollt er sich zu einer stacheligen Kugel zusammen und – au! – schon hat sich Lukas in den Finger gestochen. »Der hat doch Angst, Lukas, erschreck ihn nicht!«, fordert Sarah ihren Bruder auf. Sofort verhalten sich die Kinder ruhig und nach geraumer Zeit kommt das schwarze Näschen wieder zum Vorschein, der Igel schnuppert hin und schnuppert her und läuft mit seinen kurzen Beinchen flink ins Laub zurück.
Nach dieser Begegnung spazieren Oma und Opa Hand in Hand mit den Kindern durch das Friedhofstor. Ihre Schritte knirschen auf dem groben Kies. Vati und Mutti warten bereits am Grab von Onkel Theodor auf sie. Der Bruder von Mutti liegt hier bestattet. Die geschmückte Grabstätte wird von einem riesigen Lärchenbaum überdacht, dessen Zweige nach unten hängen, wie von Trauer beladen. »Seltsam«, denkt Lukas, »als trauere der Baum um die Toten in den Gräbern!« Braun verfärbte Nadeln fallen von ihm ab. Wissen sie, dass auch sie bald sterben werden? Vati stellt einen Blumenstrauß auf das Grab, während Mutti eine Kerze anzündet. Gleich darauf bekommen Sarah und Lukas ein Grablicht von den Großeltern überreicht,

Geschichte

entzünden es und stellen es vorne auf den Grabstein. Mutti legt einen Kranz aus Moos dazu. Dann lauschen sie den Stimmen der Blätter und alle denken an Muttis Bruder und stellen sich den einst so fröhlichen Menschen vor. Lukas wurde erst einige Jahre nach dem Tod seines Onkels geboren. Er hat ihn nicht mehr gekannt. Aufmerksam betrachtet er das Bild des Onkels auf dem schmiedeeisernen Kreuz. Es zeigt ein freundlich lächelndes Gesicht. Der Onkel ist bei einem Verkehrsunfall ums Leben gekommen, hat Mutti erzählt. Sie hatte ihren Bruder sehr lieb und denkt heute noch viel an ihn. Und Lukas ist, als würden alle Blätter ihm zugleich in die Ohren flüstern, dass alles Leben einen Anfang und ein Ende hat.

Festtag »Allerheiligen«

Wissenswertes

Das Fest Allerheiligen (1. November) schenkt in den dunkler werdenden Tagen ein hoffnungsvolles Zeichen: In unserem Leben hat nicht der Tod das letzte Wort. Das Fest spricht vom Leben, das den Tod überdauert. Wir alle werden bei Gott weiterleben! Bereits vor über 1000 Jahren hat sich der 1. November zu einem feierlichen Gedenktag zu Ehren aller Menschen entwickelt, die durch ihren besonderen Lebenslauf zu »Heiligen«, zu Vorbildern im christlichen Glauben geworden sind.

An Verstorbene denken

Gebet
Renate Steiner

Lieber Gott,
heute sind viele Menschen traurig.
Manche müssen auch weinen,
weil sie einen Freund oder Verwandte
aus der Familie vermissen.
Lass alle Verstorbenen
in Frieden ruhen
und lass sie dich sehen
und ganz bei dir sein.
Darum bitten wir als deine Freunde.
Amen.

Heilige sind unsere Vorbilder

Der Namenstag

Wissenswertes

Der Namenstag ist meist der Sterbetag eines Heiligen (seltener sein Geburtstag oder ein anderer besonderer Gedenktag) und erinnert an sein Leben und Wirken. Heilige sind Menschen, die als Christen ein vorbildliches Leben geführt haben. Fast jeder Kalendertag rund um das Jahr trägt den Namen eines Heiligen. Ab dem 13. Jahrhundert wurde es Brauch, Kindern bei der Taufe ihren Namenspatron als persönliches Vorbild mit auf ihren Lebensweg zu geben. Der Heilige soll auch Fürsprecher und Helfer des Kindes sein.

Eine kleine Namenstagsfeier

Ritual

Das Namenstagskind bringt seine Taufkerze mit in den Kindergarten oder in die Schule. Bei einer gemeinsamen Mahlzeit oder Teerunde die Taufkerze anzünden, eine Geschichte über das Leben des Namenspatrons vorlesen oder eine Legende erzählen. Viele Kinder wissen oft nicht, dass auch ihr modern klingender Name auf einen Heiligen zurückführt, z.B: Elke/Elisabeth, Jan/Johannes, Ina/Katharina, Merten/Martin, Nicole/Nikolaus ...
Als kleines Geschenk ein Bild des Heiligen überreichen und zur Taufkerze stellen.

Heute hast du Namenstag

Gebet
Renate Steiner

Lieber Gott,
heute feiert .... seinen/ihren Namenstag.
... Rupert, Edith (Name des jeweiligen Kindes!)
Mit dieser Namensgebung,
die deine Eltern
für dich ausgewählt haben,
bitten wir,
dass der/die Heilige dich Tag für Tag
begleiten möge
und zu deinem/deiner Schutzpatron/in wird.
Amen.

Namenstagsuhr/Kalender

Wandbild
Material:
Zeichenkarton, Malfarben, kleine Zeichenblätter, Verschlussklammer für Briefumschlag, Filzstifte, Schere, Klebstoff

Auf einem Zeichenkarton werden die Zahlen 1–12 kreisförmig aufgezeichnet und als Ziffernblatt einer Uhr dargestellt. Das Ziffernblatt nun auf einen großen farbigen Karton kleben. Einen Zeiger in richtiger Größe aus Karton anfertigen und mit Hilfe der Verschlussklammer in der Kreismitte am Ziffernblatt anbringen. Der Zeiger kann nun mit der Hand von einer Zahl zur nächsten verschoben werden. Die Zahlen stellen alle 12 Monate des Jahres dar, von Januar bis Dezember.
Als Nächstes fertigen alle Kinder der Spielgruppe bzw. Schulklasse ein Selbstportrait auf kleinen Blättern an (zeichnen, malen oder Foto aufkleben). Unter das jeweilige Bild wird der Vorname des Kindes geschrieben und das Datum seines Namenstages hinzugefügt. Danach die Bilder den Monaten zuordnen, in denen der jeweilige Namenstag gefeiert wird, und rund um die Ziffern festkleben (siehe Abb.). Der Zeiger wird Monat für Monat weitergerückt und zeigt optisch an, wer in diesem Monat seinen Namenstag feiert.

Weiterführende Idee: Der Namenstagskalender kann auch als Geschenk für die Eltern mit deren Bildern sowie weiteren Familienmitgliedern und guten Freunden gebastelt werden.

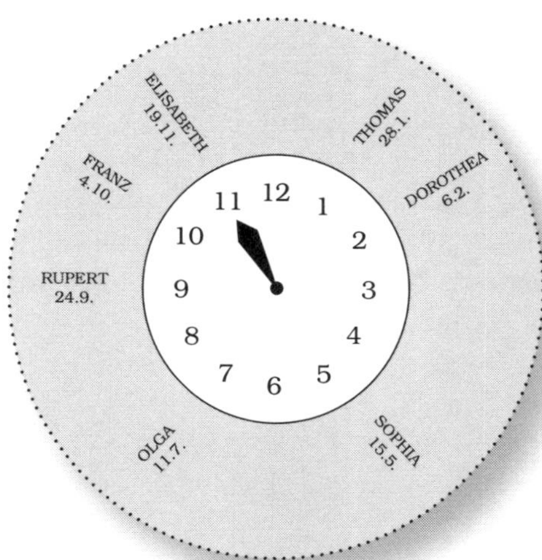

Hände, die uns helfen

Lied
Text und Musik:
Renate Steiner

2. Hände, die auch teilen, erzählen uns von Gott!
3. Hände, die uns trösten, erzählen uns von Gott!
4. Hände, die uns lieben, erzählen uns von Gott!

Herr, gib uns deinen Segen

Lied
Text und Musik:
Renate Steiner

Festtag »Allerseelen«

Wissenswertes

Am Allerseelentag (2. November) besuchen besonders viele Menschen den Friedhof, um für die Verstorbenen ein Licht zu entzünden und für sie zu beten. Die Toten in den Gräbern sind ihnen vorausgegangen auf dem Weg zu Gott. Alle Hinterbliebenen bitten darum, dass ihre Liebsten bei ihm Aufnahme finden. Alle Menschen werden einmal sterben. Doch Gottes Liebe sagt uns: Weil Jesus von den Toten auferstanden ist, werden die Menschen leben – in Ewigkeit! Der Blumenschmuck der Gräber ist in diesem Sinn auch ein Zeichen dieser Auferstehungshoffnung.

Am Friedhof

Gedicht
Renate Steiner

Heute gehen wir besuchen,
die wir einst so lieb gehabt,
bringen Blumen, bringen Lichter,
gedenken ihrer still am Grab.

Und es flackern viele Lichter,
erhellen diese Dunkelheit,
manche Menschen hört man weinen,
sind oft voller Traurigkeit.

Lasst uns hoffen, lasst uns beten
für die Toten dieser Welt,
lasst uns glauben an ein Leben,
das von uns noch niemand kennt!

Lasst uns die Hände falten

Lied
Text und Musik:
Renate Steiner

Es rauschen die Bäume

Spiellied
Text und Musik:
Renate Steiner

2. Es knarren die Zweige, der Sturm bricht sie ab,
   Kastanien fallen vom Baume herab.

3. Der Herbst färbt die Blätter gelb, orange und rot,
   am Wasser die Möwen, sie suchen nach Brot.

4. (Die 1. Strophe wiederholen.)

Spielimpuls: Die einzelnen Strophen mit verschiedenen, zum Text passenden Orffinstrumenten begleiten. Bei der 1. Strophe können die Kinder auch versuchen, die Bäume durch ganzkörperliche Bewegungen selbst darzustellen.

Es rauschen die Bäume ...	• *Handtrommel*
die Blätter, die tanzen ...	• *Glockenspiel*
Es knarren die Zweige, ...	• *Röhrentrommel*
Kastanien fallen vom ...	• *Xylophon*
Der Herbst färbt die Blätter ...	• *Rassel*
am Wasser die Möwen, ...	• *Klanghölzer*

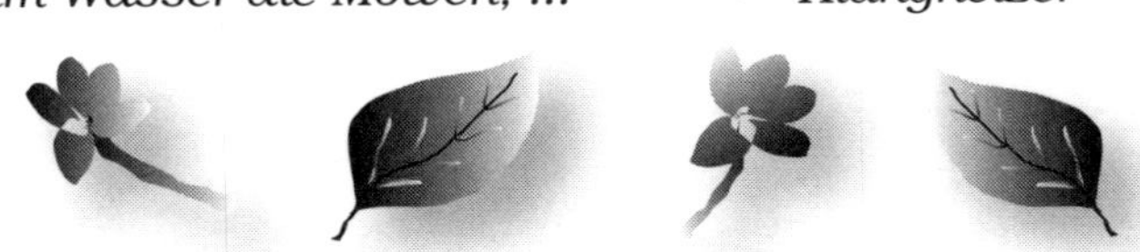

Martinsfest – helfen und teilen

Bettler am Bahnhof

Geschichte
Franz Steiner

Rata-ta-bumm, rata-ta-bumm! Lukas hüpft von einem Fuß auf den anderen. Er blickt vor sich auf den Boden, auf die großen, gemusterten Fliesen der Bahnhofshalle. Beim Hüpfen breitet er seine Arme aus, er möchte leicht sein wie ein Schmetterling. Und so fühlt er sich auch heute. Denn in einem der ankommenden Züge sitzt Mutti. Die war Samstag und Sonntag bei einer ehemaligen Schulfreundin eingeladen, zu einem Klassentreffen.

Mit lautem Getöse rollen Züge auf verschiedenen Gleisen in den riesigen Bahnhofsbereich ein. Überall gehen, stehen oder laufen Menschen mit Koffern, Rucksäcken, Einkaufstaschen und anderem Gepäck. Lukas genießt es. Für ihn ist alles Neue interessant. Draußen ist es bereits finster und ziemlich kalt.

Rata-ta-bumm, rata-ta-bumm! Gerade als er wieder auf einem Fuß weiterhüpft, um durch einen beleuchteten Durchgang zum Bahnsteig zu gelangen, bleibt er wie angewurzelt stehen. Vor ihm liegt ein menschlicher Körper, zusammengesunken und armselig, neben einem Lichtmast. Ein bleiches Gesicht, beleuchtet vom matten Licht des Bahnsteigs, starrt ihn überrascht an. Beinahe wäre Lukas über diese zerlumpte Gestalt gestolpert.

In einen zerrissenen Mantel gehüllt, kauert der Bettler auf dem Boden. Unter sich hat er Zeitungspapier ausgebreitet, um sich ein bisschen vor den kalten Fliesen zu schützen. Das Gesicht – bartstoppelig und ungepflegt – wirkt bedrückt und alt. Mit zusammengekniffenen Augen mustert er Lukas von oben bis unten. Lukas, der sprachlos und immer noch mit ausgebreiteten Armen wie ein Schmetterling vor ihm steht. »Was starrst du mich so an?«, fragt er.

Lukas bringt kein Wort hervor. Das »Rata-ta-bumm« liegt ihm noch auf der Zunge.

»Hast du eine Münze für mich?«, stammelt der Mann.

Lukas schüttelt den Kopf.

Eine Hand des Bettlers hält zitternd eine halb leere Weinflasche umklammert. Offensichtlich ist der Mann betrunken.

Seine Haut ist aufgedunsen und gerötet. Ein widerlicher Geruch geht von ihm aus. Lukas fühlt sich abgestoßen, am liebsten würde er davonlaufen, wären da nicht die Augen dieses Mannes, die ihn mit flehentlichem Blick zurückhalten.

Geschichte

»Bist du alleine hier?«, krächzt der Mann, ohne seine Augen von Lukas abzuwenden.
Lukas durchläuft ein kalter Schauer. Er bringt kein einziges Wort heraus.
Neben dem Bettler steht ein schwarzer Hut, ein Zylinder.
»He, Lukas, was ist?«, hört Lukas seine Schwester wie aus weiter Ferne rufen. Sie sieht Lukas erstarrt am Ende des Durchgangs stehen. Noch kann sie den Bettler nicht sehen. Sarahs Stimme gibt Lukas wieder Zuversicht, er fasst sich.
»Wartest du hier auf jemanden?«, fragt er den Mann.
»Ob ich auf jemanden warte?« Das hässliche Gesicht verzieht sich zu einem Grinsen. »Ich habe niemanden, auf den ich warten könnte.«
»Ich warte auf meine Mutti.« Lukas blickt dem Mann mutig in die Augen.
»Auf deine Mutti? Hahaha«, lacht der Mann. Mit einem lauten Rülpser setzt er die Weinflasche an die Lippen und trinkt den Rest der Flasche aus.
»He, Luki-Luk!« Sarah erscheint neben ihrem Bruder. Hinter ihr gesellt sich auch Vati erstaunt zu Lukas. Der Mann setzt die Flasche ab und streckt Vati hastig den schwarzen Hut entgegen. »Bitte um etwas Geld«, murmelt er.
»Sie sollten sich auf eine Bank setzen«, meint Vati, »hier wird Ihnen doch zu kalt! Soll ich Ihnen helfen?«
»Och nein, lassen Sie nur«, stöhnt der Mann, während er seine Beine anzieht. Er hat nur löchrige Socken an den Füßen, ohne Schuhe. »Hier kommen die meisten Leute vorbei, da gibt's hin und wieder eine Münze für mich, für ein Abendessen!«
»Hier«, sagt Vati und drückt ihm einen Geldschein in die Hand, »kaufen Sie sich etwas!« Ihm tut der Mann mit den löchrigen Socken an den Füßen Leid.
Dieser murmelt ein Dankeschön und wendet sich den anderen Vorbeigehenden zu. »Bitte um eine milde Gabe für ein warmes Essen«, ruft er ihnen nach. Bei manchen findet

er Gehör. Dann rappelt sich der Bettler auf und entfernt sich schwankend in Richtung Bahnhofsgaststätte. »Das ist ein sehr kranker Mensch«, meint Vati mitfühlend zu Sarah und Lukas, die sich nochmals nach dem Mann umschauen.

Lukas fühlt sich bedrückt von der Begegnung. Wie wird es dem Mann ergehen, so ganz alleine? Dann sind alle still, jeder hängt seinen Gedanken nach. Bald wird der Zug mit Mutti einfahren.

Wie glücklich ist Lukas, als ihn Mutti kurze Zeit später in die Arme schließt. Als sie gemeinsam den Bahnsteig verlassen, sitzt der Bettler wieder auf seinem gewohnten Platz. Sein Gesicht hat mehr Farbe bekommen und es scheint, als würde er sich freuen, Lukas an der Hand seiner Mutter zu sehen. Lukas kann es nicht lassen, sich noch einmal nach dem Mann umzudrehen. Und tatsächlich, da winkt ihm der Mann mit einem aufrichtigen freundlichen Lächeln zu. Lukas löst sich aus der Hand seiner Mutter, hebt seine Arme grüßend in die Höhe und rata-ta-bumm, hüpft er von einem Fuß auf den anderen, um leicht wie ein Schmetterling davonzutanzen.

Geschichte

Gebt ein Zeichen

Kanon
Text und Musik: Renate Steiner

Brauchtum zum Martinsfest

Rund um den Namenstag des Hl. Martin (11. November) finden ihm zu Ehren vielerorts Laternenumzüge statt. Die Legende berichtet von dem ehemaligen römischen Soldaten, der im 4. Jahrhundert im heutigen Ungarn lebte. Im Mittelpunkt dieser Erzählung steht die Begegnung mit einem Bettler vor dem Stadttor von Amiens; Martin teilte seinen Mantel mit dem Mann. Diese brüderliche Geste wird von Kindern gerne szenisch dargestellt. Die Mantelteilung ist ein Symbol für die Nächstenliebe. Viele praktische Beispiele aus dem täglichem Leben lassen die Kinder erfahren, dass Teilen ein Lebensprinzip sein kann. Auch nicht-materielle Dinge gehören dazu, z.B. Freude, Zeit und Liebe.

Hinweis: Der 11. November gilt als »Lostag«, er beendete das bäuerliche Arbeitsjahr. Die Martinsgans war der letzte Festbraten vor der Advents-Fastenzeit und steht auch heute oft auf dem Speiseplan. Sie hat ihren Ursprung in der Legende, dass Martin sich in einem Gänsestall versteckte, als die Menschen ihn sich als ihren neuen Bischof wünschten. Martin traute sich diese verantwortungsvolle Aufgabe jedoch nicht zu. Durch das Geschnatter der Gänse wurde Martin entdeckt, kam dem Wunsch der Leute nach und wurde 371 zum Bischof von Tours in Frankreich geweiht. St. Martin gilt heute als Schutzheiliger der Armen, der Reiter und Soldaten.

Martinsgans

Bastelidee
Material:
Zeichenkarton, weißes Kopierpapier, Tonpapier, Klebstoff, Pinsel, Schere, Bleistift

Den Körper einer Gans auf Karton zeichnen und ausschneiden (siehe Abb.). Kopierpapier in kleine Stücke reißen und Karton beidseitig damit bekleben. So entstehen die Federn der Gans. Aus orangefarbenem Tonpapier Schnabel und Füße zuschneiden und am Körper des Tieres ankleben. Aus schwarzem Tonpapier Augen zuschneiden oder mit Hilfe eines Lochers ausstanzen und am Kopf der Gans festkleben. Zum Martinsfest passend, ist die Gans ein besonders dekorativer Fensterschmuck.

Gänsegeschnatter

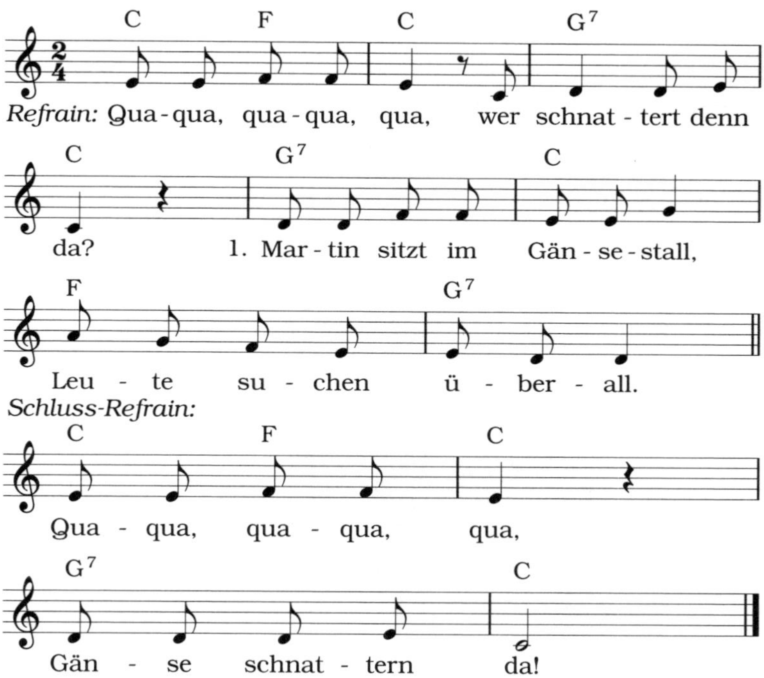

Lied
Text und Musik:
Renate Steiner

2. Durch der Gänse laut' Geschrei,
   kommen alle (Männer, Frauen, Kinder) schnell herbei!
3. Du sollst unser Bischof sein,
   alle rufen: »Das ist fein!«

Glück

Teile dein Brot
und es schmeckt besser!

Teile dein Glück
und es wird größer!

Indischer Spruch
mündlich überliefert

Vielerlei Laternen

Laterne mit Kerzenmotiven

Bastelidee
Material:
Tonpapier, Packpapier, Boden einer runden Käseschachtel, Malfarben, Öl, Pinsel, Klebstoff, Bleistift, Schere, Blumendraht, Grablicht

Einen Tonpapierstreifen ca. 40 cm lang und 20 cm breit zuschneiden. Mit Bleistift die Umrisse von drei größeren Kerzen auf das Tonpapier zeichnen und herausschneiden. Nun das Tonpapier auf weißes Packpapier kleben, mit beliebigen Malfarben die Kerzen samt Flammen bunt gestalten, danach trocknen lassen. Um eine bessere Leuchtkraft zu erreichen, das Packpapier anschließend mit Öl einstreichen. Den fertigen Streifen mit Klebstoff auf dem Rand der Käseschachtel befestigen und zu einer Rolle festkleben. Das Grablicht am Boden festmachen, zum Tragen der Laterne einen Henkel aus Blumendraht anbringen.

Laterne aus Pappteller

Bastelidee
Material:
2 Pappteller (ca. 22 cm Durchmesser), Papierstreifen (ca. 55 cm lang, 14 cm breit), Transparentpapier, Klebstoff, Grablicht, Blumendraht, Schere

Den Tellerboden bei beiden Papptellern rund herausschneiden und den übrig gebliebenen Rand mit Transparentpapier hinterkleben. Als Zierde einen Scherenschnitt anfertigen und darauf festkleben. Den Papierstreifen auf beiden Seiten der Länge nach jeweils 2 cm tief einschneiden, mit Klebstoff bestreichen und zwischen die beiden Teller einfügen (siehe Abb.). Das Grablicht am Boden festmachen, zum Tragen der Laterne einen Henkel aus Blumendraht anbringen.

Laterne aus Plastikflasche

Bastelidee
<u>*Material:*</u>
leere 2-Liter-Flasche aus Plastik, transparente Glasmalfarben, Pinsel, Blumendraht, Schere, Grablicht

Den oberen Teil der Plastikflasche abschneiden. Den unteren Teil bunt bemalen. Zwei Löcher stechen und einen Henkel aus Blumendraht anbringen. Zum Schluss ein Grablicht in die Laterne stellen und am Boden befestigen.

Weiterführende Idee: Aus abgeschnittenen 1-Liter-Plastikflaschen, die bemalt werden, entstehen in kurzer Zeit effektvolle Windlichter. Als Kerzen eignen sich kleine Teelichter.

Mit Laternen in der Hand

Lied
Text und Musik: Renate Steiner

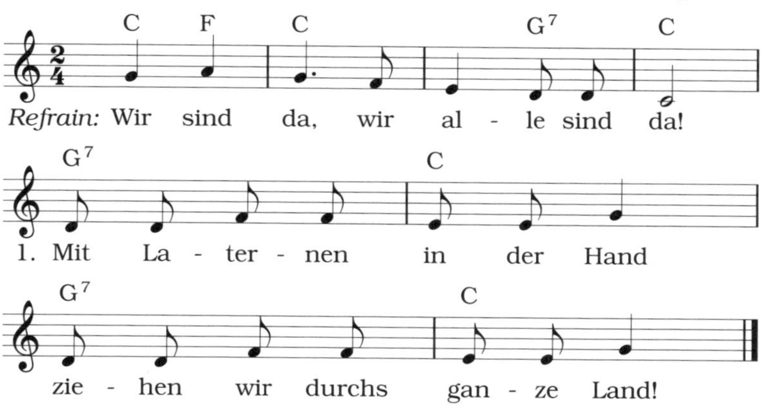

2. Unsre Lichter leuchten schön,
   könnt ihr sie wohl alle sehn?
3. Namenstag hat Martin heut',
   ja, das wissen viele Leut'!
4. Und wir teilen auch das Brot,
   wollen helfen in der Not.
5. Alle gehen nun nach Haus,
   denn das Martinsfest ist aus!

Aus dem Leben des heiligen Martin

Martinslegende/ Rollenspiel
Renate Steiner

Ein Mann reitet in der Dunkelheit. • *Klanghölzer*

Auf seinem Kopf trägt er einen Helm. Auch hat er ein Schwert bei sich, da er Soldat ist. • *Triangel*

Es ist kalt, bitter kalt, darum ist er in einem warmen Mantel eingehüllt. Martin ist sein Name. • *Schellentrommel*

Er hat es sehr eilig. Eine Botschaft des Kaisers soll durch ihn überbracht werden. • *Klanghölzer*

Plötzlich hört er in der Dunkelheit ein Wimmern. ~ *leises Wimmern*

Martin hält sein Pferd an. • *Handtrommel*

»Was ist das für ein seltsames Geräusch? Ist da jemand?« ~ *leises Wimmern*

Im Straßengraben kauert eine Gestalt. • *großes Becken*

Martin steigt vom Pferd. • *Röhrentrommel*

Deutlich kann er nun das Weinen des Mannes hören. ~ *leises Wimmern*

Er ist nur mit Lumpen bekleidet, ein Bettler. • *großes Becken*

»So helft mir doch!«, fleht der Bettler Martin an. »Seht, wie ich friere!« ~ *Hände bitten*

Martin kann nicht vorübergehen. Er überlegt. Er nimmt sogleich sein Schwert und durchschneidet damit seinen roten Mantel. • *Triangel*

Mit einer Mantelhälfte umhüllt er den Bettler, die andere hängt er sich selbst um die Schulter. • *Metallophon*

Eilig reitet er weiter, um seine Nachricht zu überbringen. • *Klanghölzer*

Müde sinkt er abends in den Schlaf und beginnt zu träumen. Martin sieht erneut den Bettler vor sich. Dessen Gesicht ist aber nun nicht mehr traurig. Fast glaubt er, in dem Bettler Jesus zu erkennen! • *großes Becken*

Martin hört verwundert eine Stimme: »Was du dem Geringsten meiner Brüder getan hast, das hast du mir getan!« • *Glockenspiel*

Martin erwacht aus seinem Traum. Er beschließt sein Leben zu ändern! Er legt sein Schwert und seine Rüstung ab, lässt sich taufen und möchte als Christ sein Leben fortführen. • *Triangel*

Spielimpulse:

- Ein Erzähler liest die Martinslegende, zwei andere Kinder stellen zum Text Martin und den Bettler (eventuell auch das Pferd) dar.
- Auch als Schattenspiel gut für eine Aufführung geeignet.
- Die Verklanglichung der Geschichte mit passenden Instrumenten ist eine weitere Umsetzungsweise. Dabei nach jedem Textabschnitt auf genügend lange Erzählpausen achten, damit die Kinder Zeit haben, auf ihrem Instrument zu spielen.

Lichter teilen

Lied
Text und Musik:
Renate Steiner

2. Mantel teilen, Brote teilen, ja, das wollen wir,
   und auch unsre Lichter teilen, darum sind wir hier.

Zum Martinsfest

Brüderliche Geste

Gebet
Renate Steiner

Martin war ein Reitersmann,
hat geholfen jedermann,
traf den Bettler vor dem Tor,
teilt den Mantel, stellt euch vor!

Martin war ein Reitersmann,
hat geholfen jedermann,
hat geteilt in Gottes Namen,
schenk auch uns die Kraft dazu!
Amen.

Hände reichen

Gedicht
Renate Steiner

Wieder leuchten bunte Lichter,
schimmern in der Dunkelheit,
es ertönen Martinslieder,
Kinderstimmen weit und breit.

Doch auch heute stehen Bettler
einsam in der Dunkelheit,
suchen nicht nur einen Mantel,
sondern auch die Menschlichkeit!

Lasst uns helfen, lasst uns lieben,
lasst uns reichen ihm die Hand,
dadurch kann es heller werden,
Tag für Tag im ganzen Land!

Weiterführende Idee:

Die Kinder führen zum Gedicht passend eine Kombination von Menschen-Schattentheater und bunten Taschenlampenlichtern auf *(siehe Seite 123)*.
Ein Erzähler oder mehrere Kinder sprechen abwechselnd den Text, die anderen setzen das Gesagte künstlerisch in die Tat um. Der Raum ist dabei verdunkelt, ein wunderbar meditativer Effekt entsteht.

Geteilte Freude

Buddhistische Weisheit
Mündlich überliefert

Ich teile meine Freude
mit allen, die ich mag,
da haben viele Leute
viel Freude jeden Tag.

Und jeder teilt sie weiter,
so wird sie niemals leer,
so wird aus einer Freude
ein Dutzend und noch mehr!

Denn mit geteilter Freude,
es ist fast wie verhext:
Wie oft wir sie auch teilen,
sie wächst und wächst und wächst!

Das frierende Mädchen

Fabel
Text des arabischen Mystikers Sa´di

Auf der Straße
traf ein Mann
ein kleines frierendes Mädchen,
zitternd,
in einem dünnen Kleid,
ohne Hoffnung,
etwas Warmes
zu essen zu bekommen.

Da wurde der Mann zornig
und sprach zu Gott:
»Wie kannst du das zulassen?
Warum tust du nichts dagegen?« –
Eine Zeit lang sagte Gott nichts.

Als der Mann in der Nacht schlief,
hörte er plötzlich Gottes Stimme:
»Ich habe wohl etwas dagegen getan.
Ich habe dich erschaffen!«

Weiterführende Idee:

Nach dem Lesen des Textes kann mit Kindern gemeinsam über den Inhalt dieser Fabel philosophiert werden.

Fürbitten zum Festtag

Gebet
Renate Steiner

Sprecher: Lieber Gott, du hast Licht und Freude in die Welt gebracht und den Menschen den Weg der Liebe gezeigt. Darum richten wir an dich unsere Bitten:

Sprecher: Heute, am Festtag des Hl. Martin bitten wir für alle Menschen, die Not leiden, so wie einst der Bettler am Stadttor, dass auch sie hilfreichen Menschen begegnen!

Alle: Beschütze uns alle und höre unser Gebet!

Sprecher: Wir bitten für alle Kinder und Erwachsenen, dass sie genug Kraft finden und nicht müde werden, anderen zu helfen!

Alle: Beschütze uns alle und höre unser Gebet!

Sprecher: Wir bitten dich, dass der heilige Martin ein Leben lang unser Vorbild bleibt!

Alle: Beschütze uns alle und höre unser Gebet!

Sprecher: Wir bitten dich, segne uns alle und begleite uns Tag für Tag!

Alle: Im Namen des Vaters und des Sohnes und des Heiligen Geistes. Amen.

Weiterführende Idee: Persönliche Gedanken formulieren und Zeit nehmen für meditatives Innehalten.

Auf allen Wegen

Lied
Text und Musik:
Renate Steiner

Weißt du was?

Lied
Text und Musik:
Renate Steiner

Spielimpuls: Im Anschluss an das Lied stellt der/die Spielleiter/in die Frage an die Kinder: »Na, was denn?«
Die Kinder antworten spontan, z.B.: »Ich kann Mutti helfen, meinen Freund trösten, das Essen teilen, bescheidener sein, auf Süßigkeiten verzichten ...«. Das Lied wird nach jeder Antwort gemeinsam von allen wiederholt.

Wir Kinder wollen Danke sagen

Danklied
Text und Musik:
Renate Steiner

Alle Kinder dieser Welt

Laternen-/ Lichtertanz
Text und Musik:
Renate Steiner

2. Alle Frauen dieser Welt laden wir ein ...
3. Alle Männer dieser Welt laden wir ein ...
4. Alle Völker dieser Welt laden wir ein ...
5. Alle Menschen dieser Welt laden wir ein ...

Tanzform: Die Kinder bilden zwei Kreise, einen Innenkreis und einen etwas größeren Außenkreis. Die Tänzer/innen im Innenkreis halten ihre Laterne mit der rechten Hand etwas in die Höhe zur Kreismitte und gehen bei der ersten Strophe links herum im Kreis. Danach die Liedmelodie summend wiederholen, dabei drehen sich die Kinder am Platz stehend im Kreis herum. Bei der zweiten Strophe gehen nun die Tänzer/innen des Außenkreises nach rechts herum und halten ihre Laternen mit der rechten Hand nach außen. Anschließend die Liedmelodie summend wiederholen, Kinder drehen sich dabei wieder im Kreis. Die Tanzkreise wechseln von Strophe zu Strophe ab; bei der letzten Strophe bewegen sich die Kinder beider Kreise gleichzeitig fort.

Angst, Freude – Stimmungsbilder und Gefühle erleben

Ein besonderer Nachmittag

Geschichte
Franz Steiner

Irgendwie ist heute alles ganz anders als sonst. Sarah und Lukas sitzen zwar nebeneinander, aber sie reden nicht und schauen sich auch nicht an. Sind sie böse aufeinander? Nein – etwas ganz anderes hält sie gefangen. Ein Gerät mit einem flimmernden Bildschirm und vielen Knöpfen. Das fesselt die Blicke der Kinder und lässt ihre Worte verstummen. Sie sitzen vor dem Fernsehgerät und sehen sich einen Zeichentrickfilm an. Den finden sie zum Biegen lustig. Die Spielsachen aber gar nicht! Die warten oben im Kinderzimmer schon eine ganze Weile auf die Kinder. Besonders der Kasper lässt seinen Kopf enttäuscht aus der Spielzeugtruhe hängen. »Wo bleiben sie denn?«, seufzt er. Lustlos baumelt seine Mütze hin und her. Bim-bim-bim, macht das Kügelchen, aber das klingt nicht so fröhlich wie sonst, wenn die Kinder hier sind. Der kleinen Stoffhexe geht es nicht anders. »Was machen die beiden so lange vor dem Fernseher?«, kreischt sie ungehalten und fuchtelt mit ihrem Zauberbesen einige Male in der Luft herum.

»Stellt euch vor, keiner spricht mehr mit dem anderen! Wie langweilig!«, brummelt der braune Teddybär vom Kasten herunter. »Quak, quak, quak«, watschelt die Quakente mit schlurfenden Schritten unter Lukas Bett hervor. Auch sie lässt ihre Flügel hängen.

Das Räuchermännchen, das sich bereits auf die kommende Adventszeit freut, steht interessiert neben dem Fernseher und macht sich ebenfalls Gedanken. »Warum starren sie die ganze Zeit über in diesen Kasten?«, fragt es sich und verdreht sein Köpfchen mit der Brille auf der Nase, um hinter das Gerät zu blicken. Aber dort ist nur die Wand! »Sonderbar«, denkt es, »wie kann der Kasten Bilder und Stimmen erzeugen, wenn dahinter die Wand ist? Lassen sich die Kinder von den Bildern betrügen? Glauben sie, das sei die Wirklichkeit?« Solche Fragen gehen dem Räuchermännchen durch den Kopf, während es voller Interesse die Kinder vor dem Bildschirm beobachtet.

Geschichte

Draußen wird es langsam finster. Sarah und Lukas merken von all dem nichts. Sie starren gebannt auf die farbigen Bilder, als sei es das Selbstverständlichste auf der Welt. Lukas beißt mit den Zähnen auf den Lippen herum und Sarah rutscht ständig auf dem Sofa hin und her. Dazwischen lachen sie immer wieder hell auf.
Sarah nimmt die Fernbedienung in die Hand. Sie will die Senderauswahl testen und drückt auf einen Knopf. Plötzlich steht ein Mann vor ihnen. Er sieht furchtbar zornig aus und hebt eine Peitsche, um ein Pferd zu schlagen! Sarah und Lukas erschrecken über das böse Gesicht. Warum will der Mann das Pferd schlagen?
Lukas drückt sich an Sarah. Eigentlich kann er gar nicht hinsehen, und doch zwingt ihn die Neugier, seine Augen offen zu halten.
In dem Augenblick, in dem der Mann mit der Peitsche ausholt, wird der Kopf des Tieres ganz groß gezeigt. Sarah und Lukas sind entsetzt. Das Pferd, die Augen angstvoll geweitet, bäumt sich auf. Sein klagendes Wiehern zieht sich laut durch alle Räume des Hauses, bis ins Kinderzimmer hinauf und bis in die Küche, wo Vati und Mutti beim Kaffee sitzen.
Die beiden erschrecken ebenso wie ihre Kinder. Waren vorhin nicht die lustigen Stimmen aus dem Zeichentrickfilm zu hören? Mutti ahnt, was sich im Wohnzimmer abspielt und eilt hinüber. Sie knipst das Licht an.
Sarah und Lukas erschrecken zum zweiten Mal.
»Habt ihr nicht versprochen, nur den Zeichentrickfilm anzusehen?« Mutti nimmt Sarah verärgert die Fernbedienung aus der Hand. »Kann ich mich denn nicht auf euch verlassen?« Dann drückt sie einen roten Knopf und mit einem leisen Knacks ist das Bild weg.
Sarah und Lukas sehen sich betroffen an. Das tun sie immer, wenn sie bei etwas Unerlaubtem ertappt werden. Vati überlegt kurz, dann holt er die Spielesammlung aus dem Wohnzimmerschrank und gemeinsam mit Mutti setzt er sich zu den Kindern. Sarah und Lukas sind ganz erleichtert, das grässliche Geschehen auf dem Bildschirm nicht mehr vor Augen zu haben. Lukas schnappt sich schnell noch das lustige Räuchermännchen und stellt es neben sich hin.

Kurz darauf machen es sich alle gemütlich bei dem Spiel. »Was es in der Familie nicht alles zu plaudern gibt!«, staunt nun das Räuchermännchen. Bald beginnt die Adventszeit, dann darf es Weihrauch in die Luft pusten.
Im Kinderzimmer allerdings können es zur gleichen Stunde der Kasper, die kleine Stoffhexe, die Quakente, der Hampelmann und alle anderen kaum erwarten, dass Sarah und Lukas wieder zu ihnen kommen. Sie freuen sich, dass das Fernsehgerät endlich abgeschaltet ist und die Kinder vor dem Schlafengehen mit ihnen fröhlich spielen werden. Sind sie am Ende gar eifersüchtig auf die Zeichentrickfiguren?

Geschichte

Mit Gefühlen umgehen

Fühlbild aus Wolle

Nach Vorlage die Gesichter mit der jeweiligen Mimik mittels dicker Wollfäden auf einem Zeichenkarton darstellen und anschließend aufkleben.

Bastelidee
Material:
Zeichenkarton, Wolle, Schere, Klebstoff

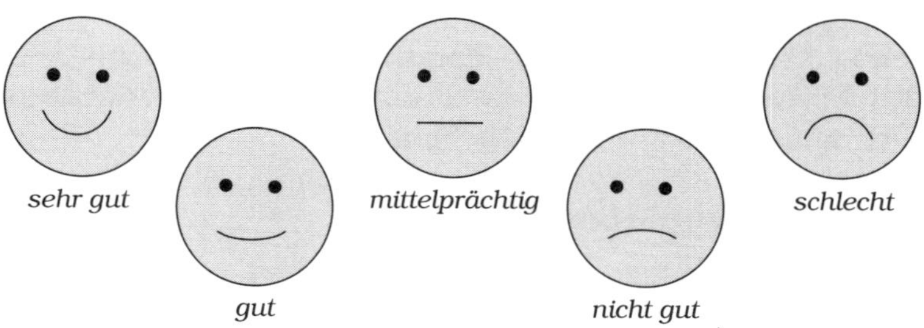

Spielanleitung: Die Kinder bilden einen Stuhlkreis. In der Kreismitte die Stimmungsbilder auflegen. Reihum darf jeweils ein Kind eines der Bilder auswählen, das seinem momentanen Stimmungszustand am besten entspricht. Dabei werden die Kinder auch ermutigt, ihre Gefühle zu verbalisieren.

Weiterführende Idee: Die Kinder versuchen mit geschlossenen Augen, die jeweilige Mimik eines Bildes – ihrer Tagesverfassung entsprechend – über das Ertasten der Wollfäden herauszufinden.

Stimmungsuhr

Bastelidee
Material: *Zeichenkarton, Filzstift, Schere, Verschlussklammer für Briefkuvert*

Stimmungsbilder (Gesichtsmimiken) auf Karton zeichnen (siehe Abb.), einen Zeiger ausschneiden und in der Mitte mit Hilfe der Verschlussklammer befestigen. Nach Fertigstellung einen passenden Platz im Gruppen-/Klassenraum oder zu Hause im Kinderzimmer (Türe/Wand) auswählen und die Stimmungsuhr dort gut sichtbar befestigen.

Hinweis: Die Stimmungsuhr lädt den Betrachter dazu ein, herauszufinden, wie man sich heute fühlt: sehr gut, gut, mittelprächtig, nicht gut oder schlecht! Die Personen in seiner Umgebung können dadurch den Gefühlszustand des Einzelnen an der Einstellung des Zeigers erkennen und demgemäß auf ihn eingehen.

Gefühlsbarometer

Bastelidee
Material: *Zeichenkarton, Filzstifte, Wäscheklammern, Schnur*

Nach Vorlage ein Gefühlsbarometer in der Länge von ca. 50 cm gestalten. Daran eine Schnur zum Aufhängen festknoten.

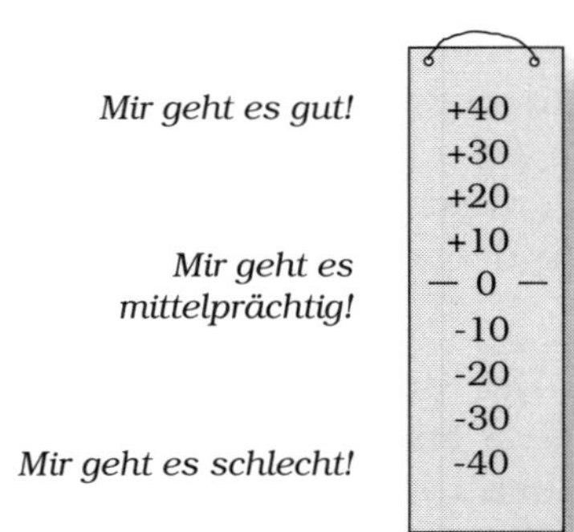

Spielanleitung: Jedes Kind bekommt eine eigene Wäscheklammer, die mit dem Namen versehen wird. Die Kinder stecken ihre persönliche Klammer auf das Gefühlsbarometer und zeigen dadurch an, wie es um ihre Befindlichkeit steht. So kann der/die Lehrer/in rasch aufmerksam werden, wenn es einmal einem Kind besonders schlecht gehen sollte, und darauf einfühlsam reagieren.

Gefühlswelten erraten

Gruppenspiel

Der/Die Spielleiter/in flüstert einem Kind ein Eigenschaftswort (glücklich, traurig, zornig, verärgert, freundlich, staunend, ängstlich, fragend, eifersüchtig, wütend, widerwillig, lustig, siegessicher ...) leise ins Ohr. Das Kind versucht nun diesen Gefühlszustand pantomimisch auszudrücken. Die übrigen Mitspieler versuchen das Gefühl zu benennen. Wer dem am nächsten kommt, ist der Pantomimendarsteller in der neuen Spielrunde.

Glück-Energie-Kraftsteine

Geschenkidee

Ein besonders schöner Stein, der in der Natur gefunden werden kann, wird als Talisman verwendet. Solche Glückssteine können auch mit Lackmalfarben (Gold, Silber, bunt) verziert oder mit lieben Grußworten wie: »Ich mag dich«, »Viel Glück«, »Denk an mich«, »Werde bald gesund«... beschrieben werden.

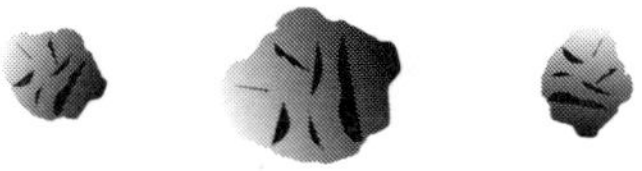

Stoff-Kuschelpuppe

Bastelidee
Material: *flauschiger Waschhandschuh, Wolle, Nähnadel, Watte (oder Schaumstoff)*

Eine Hand voll Watte in den Waschhandschuh stecken, den oberen Teil zu einem kugeligen Kopf formen und mit Wolle abbinden. Gesicht mit Wolle aufsticken. Vielleicht darf das kleine Kuschelpüppchen im Bett schlafen und Kinder auch trösten, wenn sie traurig sind oder Sorgen haben.

Hinweis: Ist der Kopf des Püppchens mit Schaumstoff gefüllt, kann man die Puppe wiederholt problemlos reinigen bzw. waschen.

Mein kleines Sorgenpüppchen

Trostlied
Text und Musik:
Renate Steiner

2. Mein kleines Sorgenpüppchen,
das schläft bei mir im Bett,
ich drück es heimlich fest an mich,
wisch mir die Tränen weg.

3. Mein kleines Sorgenpüppchen,
das hört mir gerne zu,
und wenn ich wieder fröhlich bin,
dann ruft es laut: „Juchu!“

Weiterführende Ideen:

- Gefühle verbalisieren versuchen und diese auch pantomimisch darstellen.
- Die 1. Strophe textlich variieren mit negativen Empfindungen: ... und wenn ich einmal zornig (wütend, bockig, müde, trotzig usw.) bin ...
- Die 4. Strophe mit positiven Empfindungen weiterführen: ... und wenn ich wieder lustig (munter, tapfer, glücklich usw.) bin ...

Manchmal hab ich wirklich Angst

Lied
Text und Musik:
Renate Steiner

2. Manchmal hab ich wirklich Angst,
   ich bin nicht gern allein.
   Ich fürcht' mich in der Dunkelheit,
   Schatten hör ich schrei'n,
   Hu-hu, immerzu, hu-hu, immerzu!
3. ... Gespenster schau'n herein.
   Eins, zwei und dann drei, eins zwei und dann drei!
4. ... au, wer zwickt mein Bein?
   Ui-je, das tut weh, ui-je, das tut weh!
5. ... Blitze schlagen ein.
   Bumm – krach, ich werd' wach,
   bumm – krach, ich werd' wach!

Wenn ich einmal wütend bin

Aggressionslied
Text und Musik:
Renate Steiner

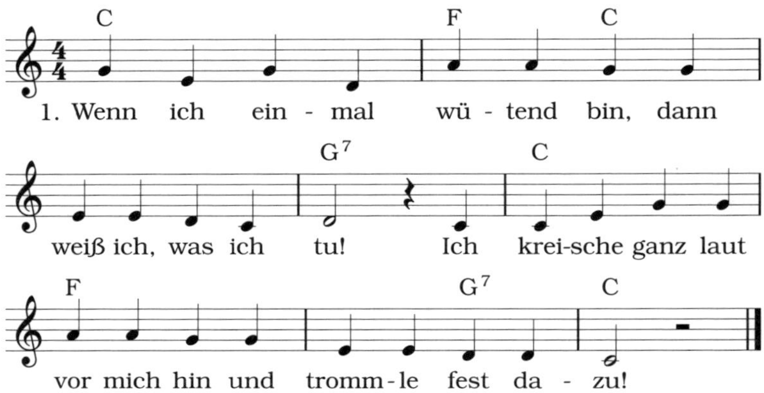

2. Wenn ich einmal wütend bin,
dann weiß ich, was ich tu!
Ich stampfe ganz laut vor mich hin
und trommle fest dazu!

Spielideen zum Dampf ablassen

Boxsack gegen die Wut

Bastelidee
<u>Material:</u>
großer Kartoffelsack, Füllmaterial (Schaumgummi oder Stoffreste), Schnur

Kartoffelsack waschen, mit Füllmaterial ausstopfen und mit einer Schnur fest abbinden. Im Raum einen passenden Platz suchen (eventuell an der Decke aufhängen oder in eine Ecke legen), wo Kinder ihre Aggressionen wie an einem Boxsack ableiten dürfen. Zwicken, schlagen, treten, beißen, kratzen – alle Bewegungen, die zum körperlichen Abreagieren beitragen, sind am Knautschpolster erlaubt.

Sumo-Duell

Partnerspiel

Zwei Kinder stellen sich in einen Gymnastikreifen, Rücken an Rücken. Arme verschränken, die Füße leicht spreizen und Knie leicht beugen. Nun wird mit Rücken, Po oder Schultern versucht, den Partner aus dem Reifen zu drängen.

Kissenschlacht

Gruppenspiel

Alle Mitspieler laufen (kriechen, hüpfen) im Raum herum. Der/Die Spielleiter/in wirft ein Kissen in die Spielrunde. Wer es fängt, darf damit ein anderes Kind bewerfen! Wer getroffen wird, scheidet aus dem Spielfeld aus. Der Sieger wird Kissenkönig und darf in der nächsten Spielrunde die Fortbewegungsart für die Teilnehmer bestimmen.

Weiterführende Idee: Kissen kicken! Statt dem üblichen Fußball wird ein Kissen zum Spielen verwendet.

Bissiger Hund

Gruppenspiel

Ein Kind spielt einen »bissigen Hund«, der die anderen fangen soll. Wird ein Kind von diesem mit der Hand berührt, gilt es als »gebissen« und darf somit »vor Schmerz« laut aufschreien. Danach bleibt es versteinert stehen. Das geschieht so lange, bis nur noch ein Kind unberührt übrig bleibt. Dieses übernimmt nun die Rolle des »bissigen Hundes«, ein neues Spiel beginnt.

Hinweis: Durch die verstärkte Bewegung und das laute Aufschreien wird in kindgerechter Weise vorhandenes Aggressionspotenzial in einer Gruppe spielerisch abgebaut.

Baumfäller

Gruppenspiel

Ein Kind legt sich auf einer Turnmatte (Teppichboden) gestreckt auf den Rücken und stellt einen klobig-schweren Baumstamm dar. Zwei bis vier Kinder knien nebeneinander und versuchen nun als Baumfäller gemeinsam den am Boden liegenden Baumstamm mit den Händen ein Stück wegzurollen.

Spielvarianten:

- Die Baumfäller sitzen mit angewinkelten Füßen nebeneinander am Boden und versuchen nun gemeinsam mit den Füßen den schweren Baumstamm vorsichtig einige Male herumzurollen. Danach erfolgt ein Rollentausch.
- Mehrere Baumfällergruppen spielen zugleich um die Wette gegeneinander.

Ruhe- und Entspannungsübungen

Relaxmatte

Körpergefühl erleben
Utensilien:
Bettzeugüberzug, 15 bis 20 Luftballons

Luftballons mittelgroß aufblasen und fest verknoten. Die Ballons in einen Bettzeugüberzug füllen und diesen verschließen. Für die Relaxmatte einen ruhigen Platz auswählen, wo die Kinder sich angenehm darauf entspannen können. Auch das leichte Schaukeln auf der Relaxmatte vermittelt ein überaus angenehmes Gefühl!

Hinweis: Die Relaxmatte ist ein besonders schöner Platz für Fantasiereisen, Entspannungsgeschichten und erholsame Massagespiele.

Ozeandampfer

Körpergefühl erleben
Utensilien:
3 Gymnastikreifen für jede Turnmatte

Eine Turnmatte (Schaumgummimatte) der Länge nach u-förmig einrollen und drei Gymnastikreifen darüber schieben. Dabei die Abstände ausgleichen, sodass ein Reifen am Anfang, einer in der Mitte und einer am Ende der Matte platziert wird. Ein Kind legt oder setzt sich nun auf die von den Gymnastikreifen halbkreisförmig zusammengehaltene Matte und hält sich eventuell mit den Händen an einem der Reifen fest. Schon schaukelt das Schiff auf den Wellen beschwingt hin und her.

Weiterführende Idee: Hat man räumlich genügend Platz, kann der Ozeandampfer um zwei bis drei Elemente verlängert werden. Weitere Turnmatten wie oben beschrieben vorbereiten und ineinander stecken. So entsteht ein Riesendampfschiff, in dem viele Kinder gemeinsam Platz finden, wodurch eine lustig-fröhliche, wie auch körperlich angenehme Schaukelpartie ermöglicht wird.

Schaumrolle

Körpergefühl erleben
Utensilien:
2 Turnmatten, 3 Gymnastikreifen

U-förmige Matte mit drei Gymnastikreifen (siehe Ozeandampfer) herstellen und mit einer zweiten Turnmatte innerhalb der Reifen u-förmig abdecken. Es entsteht eine geschlossene Röhre. Ein Kind kriecht in diese »Schaumrolle« und bewegt sich durch Gewichtsverlagerung hin und her.

Kuschelkette

Massagespiel

Alle Mitspieler stellen sich hintereinander auf und bilden im Raum eine Reihe. Das Spiel ist auch sitzend oder kniend möglich. Am Ende der Reihe befindet sich der/die Spielleiter/in und führt eine entspannende Massage mit Händen und Fingern am Rücken des vor ihm/ihr stehenden Kindes durch, wie Klopfen, Streicheln, Zickzack-Bewegung, leichtes Drücken usw. Wie bei der »Stillen Post« wandert diese Art der Massage von Kind zu Kind weiter. In kurzen Abständen ändert der/die Spielleiter/in immer wieder die Massageform ab. Ein Wechsel der Spielleitung kann erfolgen, indem das erste Kind sich hinten anreiht und so zum neuen Spielleiter wird.

Glockenläuten

Atem- und Gymnastikübung

Alle Teilnehmer stellen sich mit leicht gegrätschten Füßen und Beinen auf, die Hände werden dabei gestreckt über den Kopf gehalten. Nun stellt jeder durch Vor- und Rückwärtsbewegung seines Oberkörpers das Schwingen einer großen Turmglocke beim Läuten dar. Beim tiefen Einatmen sich möglichst groß machen und auf Zehenspitzen stellen, beim Ausatmen Kopf und Hände zwischen den Beinen langsam ausschwingen lassen. Das »Glockenläuten« einige Male wiederholen und dabei bewusst auf tiefe Atmung achten, bzw. die wohltuende Körperentspannung wahrnehmen.

Weiterführende Idee: Zur Rhythmusunterstützung spricht der/die Spielleiter/in jeweils beim Ein- und Ausatmen die Worte »bimm« und »bamm«, dabei schließen alle die Augen.

Die zerbrechliche Puppe

Körpergefühle wahrnehmen

Ein Kind liegt auf einer Matte und imitiert eine »zerbrechliche Puppe«, indem seine Körperteile von einem anderen Kind sanft hin und her bewegt werden (z.B. einen Arm langsam heben und vorsichtig ablegen, Ohren, Zehen, Finger usw. ganz leicht drehen bzw. zart bewegen). Anschließend die Rollen tauschen, sodass jedes Kind in den Genuss dieser außergewöhnlichen Körperempfindungen kommt.

Erfahrungen mit Licht und Schatten

Lichtspiel mit einer Taschenlampe

Suchspiel

In einem dunklen Zimmer eine Taschenlampe verstecken. Wer sie findet, darf sie einschalten und das Versteck intensiv damit beleuchten.

Ich finde den Weg

Konzentrationsspiel

In einem möglichst dunklen Raum schließt ein Kind seine Augen. Nun eine Taschenlampe irgendwo im Raum aufstellen und das Licht einschalten. Mit geschlossenen Augen soll nun das Kind versuchen, zur Lichtquelle hinzufinden. Gelingt dies, darf es für ein anderes Kind einen neuen Platz zum Aufstellen der Taschenlampe auswählen.

Das Licht fangen

Wahrnehmungsspiel

Mehrere Kinder haben eine Taschenlampe. In einem finsteren Raum schalten die Kinder hintereinander ihre Taschenlampen ein und leuchten damit an die Decke, Wände oder auf den Boden des Zimmers. Zum Schluss leuchten alle Taschenlampen zugleich. Ein Kind darf bei dem Lichtspiel den Leuchtteil seiner Taschenlampe mit einer farbigen Plastikfolie abdecken, sodass der Lichtstrahl sich deutlich von den übrigen unterscheidet. Die Kinder bewegen ihre Lampen im Raum willkürlich durcheinander und versuchen, mit ihrem Lichtkegel den farbigen zu erwischen.

Buntes Lichttheater

Meditatives Spielerlebnis

Zu stimmungsvoller Musik mit Taschenlampen und verschiedenfarbigen Plastikfolien, die über die Lampen gehalten werden, ein reizvolles Lichtspiel in einem dunklen Raum veranstalten:
~ Am Himmel leuchten die Sterne ~ Strukturen des Lichts wahrnehmen ~ Die Lichter vereinen sich, wandern gemeinsam in eine Zimmerecke und verlöschen nacheinander ~ Zu meditativer Musik verschiedenfarbige Lichter der Taschenlampen (Plastikfolien) im Raum tanzen lassen.

Schattenspiele

Wahrnehmungsspiele

- Mit einer Lampe eine weiße Wand beleuchten, mit den Händen fantasievolle Schattengebilde erzeugen (z.B. Tiere darstellen, Bilder von Gegenständen projizieren wie Schere, Lineal, Löffel, Pflanzen usw.) und diese innerhalb eines Ratespiels versuchen zu erkennen und auch zu benennen.
- Ein Leintuch senkrecht im Zimmer aufspannen. Eine Gruppe von Kindern stellt sich mit Taschenlampen (farbige Plastikfolien) dahinter auf, das Publikum befindet sich auf der anderen Seite. Im abgedunkelten Raum experimentieren die Kinder nun mit den Lichtstrahlen ihrer Taschenlampen. Dazu leise Musikuntermalung einspielen. Es entsteht ein überaus effektvolles Lichtspieltheater, wobei die Kinder vor- und rückwärts gehen, zu kreisen beginnen, mit vorgehaltenen Plastikfolien Lichter verändern, usw.
- Ein weißes Tuch aufspannen und von hinten mit dem Licht einer Stehlampe anstrahlen. Aus schwarzem Tonpapier kleine Schattenfiguren ausschneiden und damit ein Schattentheater aufführen.
- Ein Leintuch senkrecht im Zimmer aufspannen und von hinten mit einer Stehlampe beleuchten. Einzelne Kinder bewegen sich hinter dem Tuch, die übrigen Kinder sind Zuschauer und versuchen die Szenen zu benennen, z.B. ein alter, müder Mann, eine Tänzerin, eine schleichende Katze, Martin begegnet dem Bettler, usw. Wichtig ist die seitliche Darstellungsweise (Profil) der agierenden Kinder.

Schattenbild-Porträt

Kreatives Gestalten
Material:
Zeichenpapier, Bleistift, Schere, Klebstoff

An der Wand ein großes, weißes Zeichenblatt befestigen. Darauf nun die Profilform eines Kopfes als Schattenbild projizieren. Dazu stellt sich das zu porträtierende Kind davor auf. Mit dem Lichtstrahl einer Lampe kommt das Schattenbild zustande. Ein Erwachsener zeichnet nun mit Bleistift die Kontur nach, dann das Papier ausschneiden und das Porträt des Kindes auf ein farbiges Papier aufkleben.

Wenn die Kinder schlafen gehen

Tanztheater
Text und Musik:
Renate Steiner

2. Der Drachen schlägt Räder, die Maus rutscht am Bauch, die Hexe verkleidet sich, so tu ich's auch!
3. Die Ente fährt Rollschuh, der Räuber stampft auf, die Puppen, sie klettern noch auf Sessel rauf!

Tanzform: Einige Mitspieler stellen die schlafenden Kinder dar, andere übernehmen die Rolle der lustigen Spielsachen (Kasper, Teddybär, Hampelmann, Drachen, Maus, Hexe, Ente, Räuber, Puppen) und führen zum Text passende Bewegungen aus. Der Refrain des Liedes wird von einer Chorgruppe gesungen, die drei Strophen solo vom Kasper!

Liedverzeichnis

Autorenporträt

Renate Steiner

Geboren am 20.02.1957 in Wien, Ausbildung zur Kindergarten-Pädagogin und Horterzieherin, ab 1975 Kindergartenleiterin des CARITAS-Kindergartens Wien/Embelgasse, seit 1978 Leiterin des Kindergartens Irrsdorf/Straßwalchen bei Salzburg, Kinderbuchautorin – Texte – Kompositionen, Referentin für pädagogische Fortbildungsseminare.

Franz Steiner

Geboren am 12.12.1953 in Altenmarkt im Pg./Salzburg, Ausbildung zum Flugtechniker, Ingenieur für Kunststofftechnik, PC-Grafiker und Desktop-Publisher, seit 1996 als freier Schriftsteller tätig, selbstständig im DTP-Bereich (Layout, Satz- und Grafikarbeiten, Fotografie), Durchführung von Schreibwerkstätten an Grundschulen (Lese- und Schreibförderung), Kinderbuchautor – Texte – Kompositionen, Referent für pädagogische Fortbildungsseminare.

Ein kreatives Autorenehepaar:

Die Eheleute Steiner sind nicht nur in Österreich als erstklassige Kinderbuchautoren bekannt, sondern genießen einen hervorragenden Ruf auch im gesamten deutschsprachigen Raum. Ihre Bücher und Tonträger gelten als pfiffige, zeitgerechte Arbeitshilfen zur Vermittlung elementarer Grundwerte in der Frühförderung von Kindern. Ihre Publikationen sind vom Bundesministerium für Unterricht und kulturelle Angelegenheiten/Wien empfohlen. Wer auf eine sensible Reise durch das Land schöpferischer, innerer Bilder gehen will, sollte sich ihre künstlerischen Autorenabende für Erwachsene nicht entgehen lassen. Die beiden verbinden Literatur und Musik auf außergewöhnliche Weise. Renate und Franz Steiner leben in Henndorf am Wallersee bei Salzburg. Sie haben einen erwachsenen Sohn und führen seit 1978 eine glückliche Ehe.